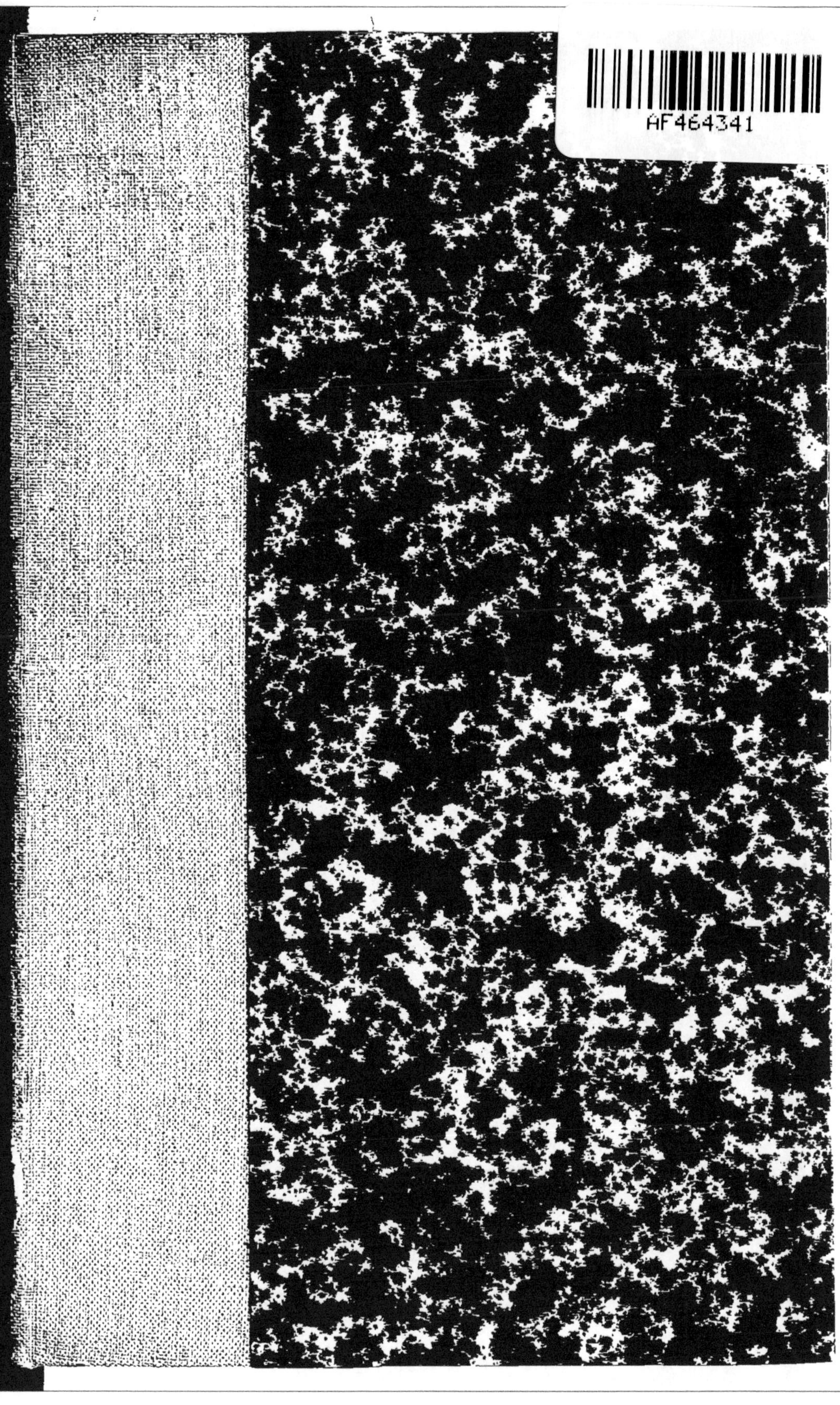
AF464341

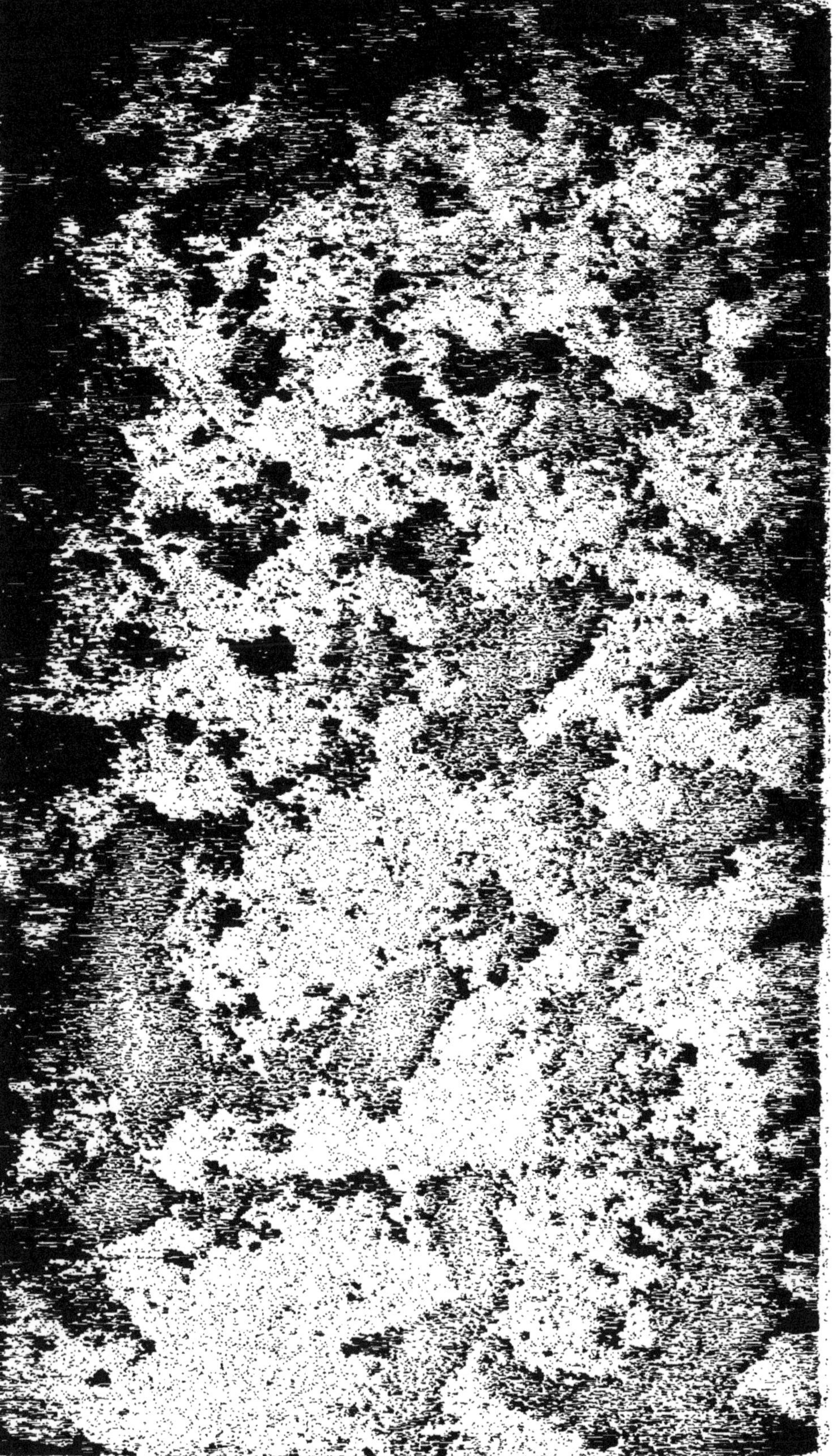

P. MANNE

LA GUERRE

A ANGERS
BARASSÉ LIBRAIRE-ÉDITEUR
RUE SAINT LAUD, 83

1872

Tous droits réservés

SUITE DU RÉCIT

D'UNE

PETITE FILLE

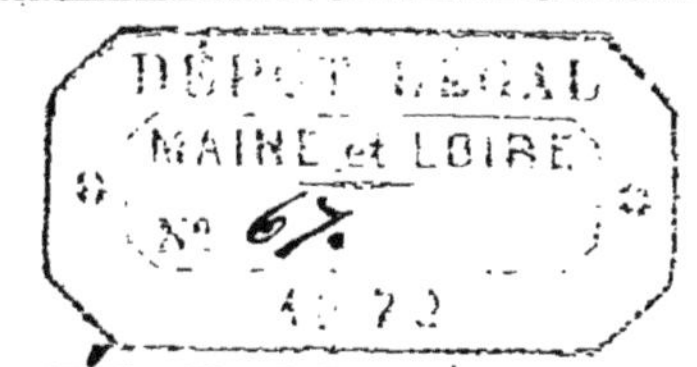
DÉPÔT LÉGAL
MAINE et LOIRE
N° 67
1872

SUITE DU RÉCIT

D'UNE

PETITE FILLE

DE QUATORZE ANS

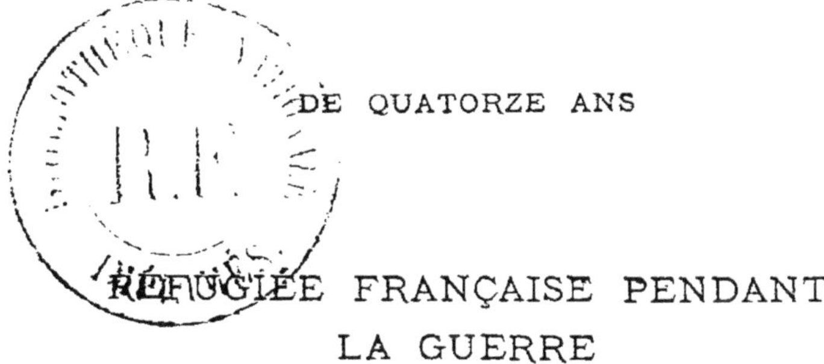
BIBLIOTHÈQUE NATIONALE
R.F.

RÉFUGIÉE FRANÇAISE PENDANT
LA GUERRE

A ANGERS :
CHEZ E. BARASSÉ, LIBRAIRE-ÉDITEUR
RUE SAINT-LAUD, 83.

1872.

Tous droits réservés.

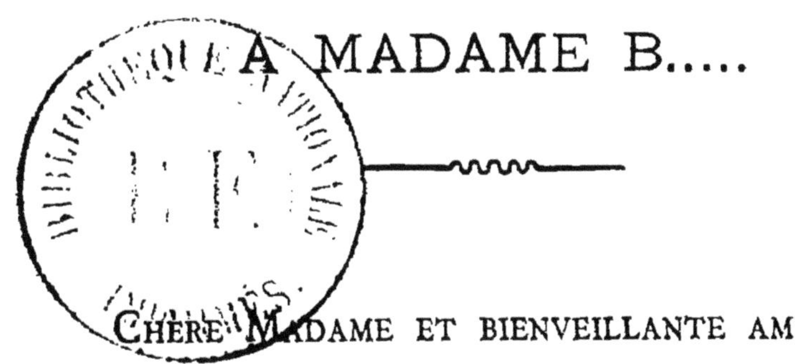

A MADAME B.....

CHÈRE MADAME ET BIENVEILLANTE AMIE,

Vous avez la première encouragé les débuts de la petite fille dont vous avez doré les jours d'exil, et c'est à vous que je dois l'accueil sympathique fait à mes premiers essais dans votre généreuse patrie, qui sait si bien pratiquer l'hospitalité. C'est donc à vous que je dédie la suite du récit dont vous avez assuré la fortune.

Puisse ce livre, comme son aîné, me concilier votre approbation et l'indulgence du public; c'est l'unique vœu de votre respectueuse et affectionnée petite amie,

SUZANNE.

Angers, le 31 mars 1872.

RÉCIT D'UNE PETITE FILLE

(SUITE).

Les fleurs se fanent, les feuilles tombent, le soleil pâlit, une année entière s'est écoulée depuis que j'ai quitté la France, une année heureuse, calme, paisible, passée sur cette terre généreuse et hospitalière d'Irlande, où partout j'ai trouvé bienveillance et affection, une porte toujours ouverte, une main amie qui m'attendait sur le seuil, de joyeux visages à mon arrivée, et le reste... Que Dieu les récompense ces cœurs sympathiques et dévoués qui m'ont presque fait oublier la patrie et le foyer paternel.

Depuis quelque temps déjà ont cessé les horreurs de la guerre ; les incendies qui ont dévoré nos villes et nos chaumières sont éteints *sinon oubliés*. L'étranger devra bientôt quitter celles de nos provinces qu'il garde encore comme ôtages. La paix, paix douloureuse, qui pourtant est encore un bienfait du ciel, permet à la France d'espérer des temps plus prospères, en attendant qu'il plaise à la providence de lui rendre son ancienne grandeur.....

Pendant que chaque famille compte et pleure les vides que cette affreuse guerre a laissés derrière elle, il y a quelque part dans ce pays affligé, qui reste toujours le beau pays de France, un père et une mère qui attendent impatiemment le retour de la petite réfugiée. Les hirondelles sont déjà parties, est-ce aussi pour leur pays natal?.... Nous songeons à faire comme elles....

Il nous coûte de partir, il nous coûterait plus encore de rester! Nous sommes joyeuses de retourner à nos chers amis de France, et cependant nous sommes tristes de nous séparer de ceux qui nous ont fait un accueil si chaleureux pendant que notre pays était en proie à la désolation ; oui, nous sommes tristes de quitter ces demeures patriarcales où l'on nous fait la vie si douce et ces solitaires et poétiques vallées dont le charme inexprimable ne peut céder qu'au souvenir de la patrie et de la famille.

Tout était prêt depuis quelque temps pour ce départ aussi craint que désiré, lorsque mon père, redoutant pour nous les vents de l'équinoxe sur le canal de Saint-Georges, nous invita à différer notre embarquement de quelques jours ; d'un autre côté, nos amis, amis terribles, me font observer qu'il y a beaucoup de vides dans mes albums et que de nombreuses pages blanches restent à mon journal ; je n'ai pas non plus visité les lieux les plus célèbres consacrés par les légendes et les ballades ; il n'est pas possible que je quitte Erin avant d'avoir gravi ses rochers vieux comme le monde, traversé ses lacs bleus et parcouru ses montagnes, et Killarney, cette délicieuse Suisse Irlandaise, sillonnée par des cascades gigantesques, et tant d'autres merveilles dignes de l'admiration des touristes ; d'ailleurs n'ai-je pas, en terminant la première partie de mon récit, pris l'engagement de raconter la suite de mes impressions de voyage, et puis-je me croire quitte envers mes lecteurs d'Angleterre et de France qui ont fait un accueil si bienveillant à mes premiers essais, avant d'avoir tenu ma promesse.

Je ne savais trop que répondre à cette amicale insistance qui se terminait par la perspective séduisante de curieuses excursions, promettant d'augmenter mon bagage d'observations et de souvenirs dont je pourrai, un jour, faire part à ceux qui voudraient bien s'intéresser à mes nouvelles pérégrinations.

C'est ainsi que plus d'une fois nous fûmes occupées à faire et défaire nos malles, et à jouir encore des courtes apparitions du soleil dans les clairières, tout en nous préparant à quelques courses lointaines et plus sérieuses.

Voilà comment je fus amenée à reprendre la suite de mon journal, non sans quelque inquiétude, quoiqu'avec le plus vif désir de continuer à mériter l'intérêt qui a été accordé à mes commencements.

TROIS ANNIVERSAIRES.

En faisant la revue rétrospective des petits incidents consignés en mon journal, il me faut remonter au 17 mars 1871, date qui termine la première partie de mon récit et va devenir le point de départ de celle-ci. Si quelqu'un demande pourquoi j'attache à cette date une prédilection particulière, vous saurez, cher lecteur, qu'il y a quinze ans à pareil jour, je recevais les premiers baisers de ma mère, à quelques heures de celui ou naissait aux Tuileries, en présence des plus grandes notabilités de l'empire, un pauvre petit prince que l'on a pu croire, pendant d'assez longues années, destiné à régner sur la France, sans tenir compte des enseignements de notre histoire qui nous montre, confondus, pour ainsi dire, dans une loi commune d'exclusion, tous les héritiers directs de nos souverains, comme s'il entrait dans les voies de la providence de ne permettre à aucune race de rois ou empereurs, de s'asseoir, par droit de naissance, sur le trône ensanglanté du vertueux Louis XVI, dont la postérité s'est éteinte si misérablement en la prison du Temple, dans la personne du jeune dauphin son fils. Mais je me hâte de quitter ce grave et triste sujet, qui serait beaucoup mieux traité par un savant docteur en chaire que par une fille ignorante de quinze ans, car aujourd'hui, ainsi que je le disais plus haut, s'est accomplie ma quinzième année, et si je l'avais oublié, les témoignages d'affection que j'ai reçus dès mon réveil et qui m'ont été plus précieux que les présents dont ils étaient accompagnés, ne m'auraient laissé aucun doute que j'étais devenue plus vieille d'un an.

LA FÊTE DU TRÈFLE.

Mais pourquoi tout le monde, ici, mes tantes, mes cousines, les domestiques de la maison sont-ils décorés d'une branche de trèfle? Ceci me donne l'occasion d'expliquer une autre cause de ma prédilection pour ce beau jour de mars, si voisin du printemps et qui est, en même temps que mon anniversaire, celui de la grande fête annuelle de l'Irlande et de son apôtre, le grand saint Patrick[1], auxquels est consacrée la feuille de

1 Il résulte des nombreuses légendes qui ont pour objet ce saint personnage, qu'il était né vers la fin du IVe siècle dans l'Armorique gauloise, qu'à l'âge de seize ans il avait été emmené en captivité par un roi d'Irlande du nom de Nial. Dans une excursion maritime de ce prince, qui le réduit à la condition de pâtre pendant six ans, il s'échappa la septième année, revint en son pays, alla s'enfermer pendant quatre ans au monastère de Saint-Martin, près de Tours, où il se forma au saint ministère, qu'il fut appelé quelques années plus tard à venir exercer dans cette même Irlande, comme évêque, Sixte VI étant pape, et au temps du principal chef ou roi du pays, Léogaire, qui lui accorda le droit de prêcher et

trèfle, particulièrement révérée par le peuple (de même que l'avait été autrefois peut-être le gui au temps des druides), cette fois avec plus de raison, cette plante étant comme l'emblême des prairies qui font la spéciale richesse de l'Irlande en fournissant à l'alimentation de ses nombreux troupeaux, car il semble que dans les vieux usages, en apparence les plus vulgaires et religieusement conservés parmi les populations, on doit chercher une cause plus sérieuse qu'une vaine manifestation ou une simple occasion de réjouissance matérielle.

Ce jour-là donc, tout le monde revêt ses plus beaux habits, et à peine le soleil est-il levé que l'on voit les hommes, les femmes, les vieillards, les enfants, protestants ou catholiques, se répandre par les champs et les prairies pour y chercher

de convertir son peuple voué jusque-là au culte druidique. — La croyance populaire attribue à saint Patrick la destruction de tous les serpents qui infestaient l'île avant sa venue, ce qui expliquerait la vénération générale dont il est l'objet en Irlande.

et cueillir une branche de véritable trèfle [1], afin d'en orner leur corsage ou leur boutonnière.

Les tout petits enfants vont de maison en maison demander des rubans et du papier argenté, pour faire des croix de Saint-Patrick, qu'ils s'attachent sur l'épaule et les y conservent toute la journée ; quant à la plupart des bons Irlandais, buveurs, parleurs et un peu querelleurs comme beaucoup de Français de leur condition, je suppose qu'ils n'emploient pas aussi innocemment les heures de ce grand jour.

En l'honneur de la fête et de mon anniversaire, j'aidai la cuisinière de confiance à pétrir mon propre gâteau, lequel devait être monumental. Ce n'est pas tout, car, après le déjeûner, les enfants du pasteur vinrent me chercher dans leur petite voiture et me conduisirent en grande pompe au pres-

[1] La plante de trèfle dont il s'agit ici et que l'on croit particulière à l'Irlande, ne paraît pas avoir d'analogie avec les différentes natures de trèfle cultivé en France ; je la crois même devenue si rare qu'elle est à peu près introuvable, ce qui n'empêche que chacun suppose être en possession de la véritable.

bytère, où m'attendait un cordial accueil accompagné de beaucoup de friandises et d'autres gâteries.

Toute la journée se passa en promenades champêtres, à cueillir des violettes sous les haies, à courir sur les pelouses ou à suivre de nos regards le cours de la rivière qui coule au pied des collines, en laissant après elle comme un ruban d'argent, à travers les prés où paissaient des troupeaux paisibles. Le ciel était pur comme aux beaux jours du printemps : l'après-midi était tiède, et le soleil qui s'était levé radieux comme pour prendre part à la fête, continue à briller jusqu'au soir. J'étais pénétrée d'une douce joie qui eut été sans mélange si par moment ma pensée et mon cœur ne se fussent reportés vers mon pays, dans la demeure aujourd'hui silencieuse de mes parents, si animée d'ordinaire les autres années, pendant ce jour qui commençait pour moi et se terminait par de si tendres caresses. Heureux les enfants qui n'ont jamais quitté la maison paternelle !

LE PRINTEMPS.

Avril, doux mois du printemps, à ton approche la nature, engourdie par un long et rude hiver, se réveille aux doux rayons du soleil qui brille dans un ciel d'azur ; le ruisseau est libre enfin, aucune glace ne l'étreint plus, il peut reprendre sa course ondulée et faire entendre son gai murmure. Les papillons ont repris leur vol incertain et léger, les abeilles butinent et bourdonnent. Des *demoiselles* effleurent de leurs grandes ailes de gaze les marguerites et les boutons d'or ; les hirondelles sont revenues et ont repris leur ancienne demeure sous le toit de chaume. Mais tout passe et avril n'échappera pas à la loi générale, il doit faire place à d'autres mois qui feront place à d'autres années, mais nous avons la consolation de penser qu'avril revient tous les ans avec son cortége de fleurs embaumées et d'insectes brillants. Ainsi donc, avril au revoir, et non pas adieu.

Etude sur le printemps par un enfant de 12 ans (1868).

A l'occasion de la fête dont le récit termine le chapitre précédent, je disais que rien n'avait manqué à l'expansion générale, pas même un beau rayon de soleil qui semblait proclamer la venue du printemps dont on éprouvait déjà la salutaire influence. En effet, les jours déjà égaux aux nuits, par leur croissance continue et de plus en plus sensible, semblaient refouler devant eux les ombres du soir; la brume longtemps enroulée autour des sapins et des houx au feuillage sombre, s'était dissipée aux tièdes émanations de la brise du midi. Les bourgeons entr'ouverts laissaient poindre à la cime des arbres les premières feuilles aux teintes vertes et pâles, les jardins avaient perdu leur aspect triste et abandonné, les crocus de la première saison étaient sortis de la terre grisâtre, à leur tour les hépatiques aux nuances bleues, blanches et roses, avaient successivement fait leur apparition, les primevères foisonnaient à côté des jacinthes, dont les fleurs se balançaient mélancoliquement au moindre souffle, comme pour rappeler leur poétique et fabuleuse origine, puis les anémones, rivales des renoncules, et qui seraient presque aussi belles si elles ne commençaient à perdre leur éclat lorsque leurs sœurs arrivent au développement de leur beauté ; et la famille des daphnés jetait aux alentours des senteurs plus douces que celles de l'oranger. Le papillon, ce brillant symbole du courtisan, porte, avec son inconstance habituelle, son frivole et stérile hommage à chaque fleur du voisinage, pendant que l'abeille, en bourdonnant, leur demande un tribut dont elle doit extraire un miel délicieux, images tous les deux de l'agréable et l'utile, suivant la loi divine qui leur a imparti un rôle et un but différents.

Mais pendant que les jardins se couronnent de fleurs, que les insectes prennent possession de l'air qui est leur domaine, les bois ne tardent pas à se peupler de leurs habitants ailés et causeurs. Les merles, les fauvettes semblent rivaliser de mélodie dans des concerts multipliés ; les rouges-gorges que n'enhardit plus la faim, s'éloignent des lieux habités où ils trouvaient à se nourrir des miettes d'une pitié enfantine, pour reprendre leurs habitudes discrètes et se retirer dans les fourrés.

C'était aussi de ce côté que je dirigeais souvent mes promenades, parce que les bois m'offraient d'amples récoltes de plantes et de fleurs qui ne recevaient d'autre culture que celle d'une nature un peu agreste fécondée seulement par les pluies et les rosées du ciel.

C'est là que je trouvais les violettes qui ne révélaient leur présence sur mon passage que par ce parfum charmant que ne peut imiter ou égaler aucune autre fleur. J'allais chercher aussi les pâquerettes, dont les étoiles blanches brillaient sous les buissons ; j'avais un faible pour les primevères jaunes auxquelles ne peuvent pas résister les enfants, et je n'oubliais pas non plus les petites jacinthes bleues et les anémones sauvages qui semblaient sourire au soleil dans les clairières.

J'étais souvent accompagnée dans mes courses solitaires par les chiens de la maison, entre autres par un grand lévrier qui était fort de mes amis ; vous allez en juger. — Un jour que je suivais avec mon cortége accoutumé la grande allée du parc qui s'éloigne de la maison et longe à gauche un terrain en pente, couronné par un bois de sapins, et que mes trois gardes-du-corps se livraient, autour de moi, à des jeux bruyants et répétés, je ne tardai pas à m'apercevoir que j'étais restée seule, et quelques aboiements partis du bois m'apprirent bientôt qu'il devait s'y passer quelque chose qui attirait tout leur intérêt : un petit cri que j'entendis bientôt, cri d'agonie poussé par quelque pauvre victime, éveilla mon attention et ma pitié. Dans le même moment apparut, sur la lisière du bois, le grand lévrier tenant à la gueule, hélas! un pauvre petit lapin que voulaient lui disputer ses camarades. Pour s'éloigner d'eux, le lévrier rentra dans le fourré, suivi de nouveau par les autres chiens, sur la trace desquels je me précipitai à mon tour, sans plus de réflexion, dans le désir plutôt que dans l'espoir de leur enlever cette proie : ce que je fis résolûment en arrachant le pauvret de la gueule de son ennemi. Malheureusement il était trop tard, car il rendait le dernier soupir, et je ne pus rapporter que son cadavre.

Je reviens à mon lévrier, qui se laissa docilement enlever sa proie, sans me faire repentir de mon intervention imprudente et tardive, ce qui, dit-on, n'est pas habituel aux chiens, surtout aux chiens qui chassent pour leur compte.

Après la guerre étrangère, la guerre civile me tient éloignée de ma patrie.

Ainsi se passaient nos journées entre le travail, la promenade dans les bois, les jardins, les serres et la récolte des plantes rustiques, lorsque nous n'avions en perspective ni visite à faire ou à recevoir, ni lunch à préparer pour les amis du voisinage.

Nous arrivâmes ainsi aux fêtes de Pâques, après lesquelles avait été décidé notre retour, si la paix était signée; mais nos malheurs n'étaient pas finis, et la guerre de la Commune devait y mettre le comble : guerre bien plus terrible, au dire des journaux de France et d'Angleterre, que celle pourtant bien meurtrière dont nous étions sortis à si grande peine.

Dans celle-ci, du moins, c'était contre des

Prussiens, contre des Allemands, nos ennemis de tous les temps, que nos soldats défendaient leur pays, tandis que dans cette guerre d'extermination déclarée à la société, les ennemis qu'il fallait combattre étaient des Français égarés ou bien coupables, qui s'étaient laissé entraîner par des gens sans aveu, n'appartenant à aucune nation, pour la plupart flétris par la justice humaine, en attendant le jour de la justice de Dieu, et qui s'étaient abattus sur la France toute sanglante, comme les animaux vivant de carnage, attendent pour se jeter sur leur proie, qu'elle soit expirante.

Oui, ce devait être une guerre bien fatale et bien cruelle, que celle qui devait finir par le massacre d'un saint archevêque et de tant d'autres vénérables victimes ; et pour que rien ne manquât à ces lamentables scènes de réprouvés, il fallait y joindre l'incendie de Paris et de ses monuments historiques, respectés par toutes les nations étrangères, même par nos ennemis, comme si les auteurs de tant de crimes avaient pris à tâche de surpasser, s'il était possible, en barbarie et en férocité, les excès d'une autre époque qui a laissé une trace ineffaçable dans l'histoire de nos révolutions et de nos malheurs.

Il fut donc convenu, en présence de ces tristes événements, que nous attendrions des temps meilleurs avant de songer au départ, et que nous irions passer la semaine de Pàques chez mon grand oncle, dont je me reproche d'avoir bien peu parlé jusqu'ici, et qui, après une réception toute paternelle à notre débarquement, avait la bonté de se plaindre de nous voir si rarement dans sa maison. De chez mon oncle, nous comptions nous rendre à C..., ville... résidence qui porte le nom historique[1] d'une famille alliée à la

[1] Pour employer une forme moins ambitieuse et plus en rapport avec la simplicité du chef actuel de cette maison (produit d'une branche cadette et collatérale), disons que ce nom qui était également celui de ma bisaïeule maternelle, se rattache à quelques pages de l'histoire d'Angleterre. On retrouve, en effet, au milieu du règne de la reine Elisabeth et près de la personne de cette princesse, un gentilhomme honoré de sa confiance, du nom de Henry Carey, que la reine nomme son cousin en le qualifiant du titre de lord Hunsdon,

nôtre, aux aimables instances de laquelle nous avions promis une prochaine visite. Nous n'avions pu oublier que la dame et maîtresse de ce riche domaine avait quitté sa maison avec sa jeune fille, tout exprès pour venir, le jour même de notre arrivée de France, nous souhaiter la bienvenue avec un affectueux empressement.

Elle voulut qu'à l'exemple de mes autres cousines, je l'appelasse aussi ma tante. Sa fille, plus âgée que moi de deux ans, bonne comme sa

allié à la maison Boleyn, par le mariage de son père William Carey, avec Marie, sœur de la reine Anne, pour son malheur, femme du roi Henri VIII.

Après lord Hunsdon, sir Walter Scott, dans ses annales historiques d'Ecosse, cite un autre Carey, membre de la même famille, qu'il désigne comme secrétaire du commandement de la même Elisabeth et de plus en qualité de filleul et cousin de la reine, et qui reçoit des mains de cette princesse, à ses derniers moments, le testament par lequel elle reconnaît comme héritier de la couronne d'Angleterre son cousin Jacques VI, roi d'Ecosse, fils de cette infortunée reine Marie Stuart, mise à mort, comme on sait, après douze ans de captivité, par ordre de la même Elisabeth. C'est ce testament habilité, par le parlement, qui fut porté par Carey au roi d'Ecosse, qui monta sur le trône d'Angleterre sous le nom de Jacques Stuart Ier, comme représentant de Marguerite d'Angleterre, fille de Henri VII Tudor, son arrière grand'mère.

mère, ne tarda pas à me faire aimer le séjour du manoir, car c'était elle qui naturellement me servait de guide et dirigeait nos mouvements. On peut se faire une idée des graves causeries de deux fillettes de dix-sept et quinze ans, elle parlant des plaisirs tranquilles de sa vie *at home*, entremêlés de visites à la campagne, de lunchs, d'expositions de fleurs et loteries à la ville voisine, voire même un ou deux bals par an, et moi racontant nos voyages à travers la France, à Paris au temps de sa splendeur, à l'époque de la grande exposition qui avait précédé de si peu d'années nos désastres, puis nos chères stations aux eaux, surtout aux bains de mer de mon pays.

Il nous arrivait souvent, aux heures où le soleil était au plus haut du ciel, de porter notre ouvrage et de travailler à l'ombre du lilas, près des aubépines roses et blanches, regardant jouer non loin de nous trois jeunes enfants pleins de gentillesse, pendant que les cytises en fleurs balançaient au-dessus de nos têtes leurs grappes flottantes au souffle d'une brise parfumée et rafraîchissante qui nous caressait le visage.

Puis quand, vers le soir, le soleil avait perdu de sa chaleur, nous avions coutume de descendre au bord de la rivière qui baigne la propriété, toujours le même Blackwater qui, ainsi que les divinités antiques à qui était confiée la garde des fleuves, des vallées et des montagnes, semble avoir pris sous sa protection ces bords heureux, tantôt séparant, tantôt reliant entre eux la plupart des grands domaines qu'il côtoye de ses contours capricieux, depuis les montagnes de Kerry jusqu'à la mer où nous le reverrons plus tard à son embouchure. Alors, nous asseyant sur un banc à quelques pas du rivage, nous prenions plaisir à regarder les pêcheurs tendre patiemment ou retirer leurs lignes pour les tendre de nouveau avec une impassibilité et une persévérance que récompensait assez rarement la prise de quelque saumoneau sans expérience ou de quelque truite trop gourmande.

D'autres fois nous suivions le cours de la rivière avec d'autant plus d'intérêt, que nous savions qu'à quelques milles, sur l'autre bord, il y avait une maison amie. K...y, dont nous devinions la position quoiqu'elle nous fut cachée par les arbres du parc et quelques accidents de terrain, oui nous savions que là nous avions des parents qui s'entretenaient peut-être de nous, pendant que nous-mêmes nous pensions à eux. Mais dans le temps que nous nous livrions à ces muettes réflexions, maître Charley, chien favori de ma cousine, entrait à son tour en scène, et attirant notre attention par ses aboiements, nous procurait un autre divertissement, en donnant la chasse à d'innocentes sarcelles abritées sous les grandes feuilles vertes des nénuphars, et que son aggression faisait fuir en criant et voletant dans toutes les directions.

C'est ainsi qu'oublieuses des heures, nous nous attardions souvent jusqu'à ce que les derniers rayons du soleil eussent disparu derrière les grands arbres, et que nous eussions été averties par les cris discordants des corbeaux regagnant leurs nids aériens, qu'il était temps pour nous de retourner au gîte. Alors nous nous hâtions de rentrer *at home*, où nous étions accueillis par les cris joyeux des enfants qui nous attendaient avec impatience.

Ces charmants babys, dont nous partagions les jeux quand ils étaient éveillés et que nous allions voir dormir dans leurs petits lits blancs qui faisaient ressortir leurs teints de chérubins, appartenaient à mon autre cousine, fille aînée de la maison, belle et charmante jeune femme dont je ne dirai rien autre chose sinon qu'elle est du nombre de ces créatures favorisées de Dieu, qu'on ne peut voir sans les aimer ; ce qui a dû arriver sans doute à son mari, gentleman dont le nom tout français [1] rappelle l'histoire de terrible

[1] Gabriel de Montgommery, capitaine de la garde écossaise du roi Henri II. Ce nom de Montgommery, originaire de la province de Normandie, devint commun en Angleterre après la conquête de l'Angleterre par Guillaume, qui avait à sa

joûteur qui eut le malheur d'occire de mâle mort son souverain qui, pour lui faire honneur, voulut rompre une lance avec lui dans le triste et dernier tournoi qui fut donné en France l'an de grâce 1559.

suite un seigneur Normand de ce nom, lequel même dût se retirer en Écosse à la suite de quelque différend avec son suzerain.

De son inconstante haleine,
Le zéphyr ou l'aquilon,
Depuis ce jour me promène
De la forêt à la plaine,
De la montagne au vallon.

ARNAULT.

Il faut partir, c'est la destinée de celui qui a quitté sa maison et sa famille, et que la nécessité ou peut-être son inclination porte à changer de lieu incessamment, comme l'homme de la légende populaire, condamné à marcher jusqu'à la fin des temps, pour avoir méconnu son Dieu succombant sous sa croix ; celui-là doit s'attendre à endurer plus d'une fois le froid et le chaud, l'humidité pénétrante de l'eau du ciel et la tempête orageuse ; heureux si comme nous, à tous les relais de son voyage, il rencontre des parents, des amis au cœur affectueux, au souriant visage, attendant et désirant sa présence. C'est la réflexion que nous faisions, ma bonne tante et moi, en quittant le manoir de C..., ville dont nous emportions les meilleurs souvenirs, pour aller faire une autre station chez une de mes jeunes cousines sortie la première des tentes paternelles pour suivre son mari dans une fraîche habitation créée pour elle, non loin des montagnes, et dont elle désirait depuis longtemps nous faire les honneurs.

G......, par sa récente installation, ne comporte pas encore un ensemble de plantations grandioses et de cultures accidentées visant aux parcs ; mais sa position à mi-côte, c'est-à-dire assez élevée pour être défendue contre l'humidité, mal du pays, permet à la vue une vaste étendue qui n'est bornée que par les monts Galtées, du comté de Cork, et ceux de Limerick et Tipperary superposés en cinq rangées ou étages qui se lient entre eux et joignent le comté dont ils portent le nom ; aussi l'air que l'on respire dans cette demeure est tout aussi pur que celui qui flotte autour de leurs cimes lointaines.

Après la mer, rien ne prête plus à la contemplation que les montagnes dont les aspects changent suivant qu'elles sont éclairées par le soleil ou voilées par les ombres. Le ciel est-il pur, les sommets revêtent une teinte d'azur qui les confond avec lui dans un lointain lumineux. Si, au contraire, les nuages s'amoncellent et planent au-dessus des montagnes, il semble, pour ainsi dire, qu'elles descendent ou se rapprochent, et que, soit illusion de perspective, soit perception réelle des objets, on croit apercevoir les ondulations capricieuses des collines, comme si l'on était à leurs pieds, quoique l'on en soit éloigné de bien des milles. Que j'aurais voulu pouvoir en gravir les pentes, en cueillir les fleurs, écouter, assise sur la mousse des rochers, les chants des pauvres pâtres irlandais, dans leur idiome primitif!... On dit les habitants des montagnes plus attachés que les autres hommes aux lieux où ils sont nés. Je le comprends aisément. Moi aussi, j'aimerais la montagne comme j'aime la mer, comme j'aime les bois et les vallées, toutes ces belles choses de Dieu.

Mes aimables hôtes me traitaient tous les deux comme si j'avais été leur fille aînée; et ma chère Jessy, que j'ai désignée ailleurs comme l'ange de la maison de son père, étant venue en visite chez sa sœur, contribua encore par sa présence à me faire trouver bien court le mois que nous avons passé dans cette agréable résidence.

La famille se composait, en outre, de quatre petits cousins et cousines (les familles sont nombreuses dans les trois royaumes), avec lesquels ma cousine et moi nous faisions également bon ménage.

J'ai lu, je ne sais où, que les petits enfants sont comme les jeunes chiens faciles à apprivoiser. Je n'ose, ici, invoquer ma *vieille expérience* à ce sujet, mais il me semble qu'avec un peu de complaisance, on s'en fait bien vite des amis :

ceux-ci m'avaient en effet pris en grande tendresse, parce qu'une fois mes leçons finies, après le travail du matin, je me plaisais à aller jouer avec eux. Il fallait entendre leur rire frais et argentin aux mécomptes du chercheur à cache-cache ou à collin-maillard. — C'était une succession interminable de plaisirs aussitôt abandonnés qu'inventés.—Quant à la danse, il fallait s'y livrer jusqu'à extinction, « à moi Suzanne, encore à moi, non, c'est à mon tour, » et leurs petites mains s'accrochaient à moi, à mes habits, jusqu'à ce que j'eusse trouvé quelque stratagème pour échapper à leurs étreintes. Il faudrait être l'auteur de la comédie enfantine pour énumérer ces petits caractères ayant tous leur originalité.

Comment résister aux muettes instances de leurs grands yeux bleus et brillants, de ce reflet particulier aux enfants du Nord et qui scintille comme une étoile.

Mais quand venait le soir et que les ombres descendaient les montagnes, les mêmes petits lutins devenus doux comme des agneaux, s'agenouillaient aux pieds de leur jeune mère, répétaient leur simple petite prière et remontaient docilement se coucher ; une fois dans la Nursery, il y avait bien encore quelqu'escapade pendant la toilette de nuit , comme de s'échapper des bras de la vieille nourrice, à demi-vêtus, pour se rouler à terre, puis celle-ci de courir de l'un à l'autre et de s'écrier avec découragement : « Ah quels enfants ! Je crois que si j'avais la garde d'un régiment, il me donnerait moins de peine que vous. »

Cependant chacun aidant la bonne femme, on finissait par les coucher, et alors une fois étendus dans leurs petits lits, ils ne demandaient plus qu'une chose, m'entendre chanter une petite berceuse française : *L'oiseau bleu s'est endormi*, et leurs yeux se fermaient à la fin du couplet, comme ceux de l'oiseau bleu.

Pendant notre séjour à G...ane nous fîmes une visite à G...ore, terre et résidence de la famille de ma tante de K....y et nous eûmes occasion de voir, en passant près d'un village appelé Glanworth, les restes intéressants d'un vieux château de ce nom et d'une abbaye de dominicains, remontant au XIIIe siècle, en ruines tous les deux, comme tant d'autres manoirs ou monastères détruits par le temps ou par la conquête qui fait souvent l'office du temps et plus rapidement encore que lui [1].

Nous étions rentrées sous les ombrages de K....y pour y jouir de la fraîcheur pendant les chaleurs de l'été : si nous n'avions pas les bains de mer ou les villes des eaux à proximité, nous ne manquions pas d'autres distractions que l'usage a créées au profit des familles de Squires qui ne quittent guère leurs résidences pendant toute l'année.

C'étaient d'abord les lunchs, en tout temps, visites fréquentes à pied ou en voiture suivant les distances. Quelquefois, assez souvent même,

[1] La première conquête remonte à Henry II Plantagenet.

des pique-niques, c'est-à-dire des réunions de plaisir, principalement gastronomiques, tour à tour chez l'un des propriétaires en faisant partie, ou dans quelque parc du voisinage ; tantôt c'était à l'ombre des bois que nous allions établir notre couvert, et tandis que les grands parents discutaient le choix de l'emplacement, nous autres enfants allions récolter dans de grandes feuilles, nous servant d'assiettes, des framboises sauvages et un autre petit fruit semblable par la couleur et la forme à un grain de cassis qui porte le nom de hurts, et qui croît en grande abondance dans les bois du pays. D'autres fois nous nous dirigions vers les bords ombragés d'un torrent écumeux dont les eaux limpides nous offraient une boisson toujours fraîche et agréable.

On décorait les plats et la table improvisée des fougères délicates et luxuriantes qui tapissaient les rochers, tandis que l'on faisait cuire les saumons et bouillir les classiques pommes de terre dans des flaques d'eau formées par le torrent

2

dans le creux des rochers; le bois mort et les feuilles sèches fournissaient le combustible et servaient à alimenter le feu ; on mettait les vins de France et d'Espagne à rafraîchir sous la pluie étincelante des cascades, et quand enfin l'appétit était suffisamment aiguisé par tous ces préparatifs, chacun s'asseyait où il pouvait, les uns sur des troncs d'arbres renversés, d'autres, sur de larges pierres moussues ; et comme pour faire honneur au repas, la musique du torrent mêlait sa bruyante harmonie aux joyeux rires des convives, au tintement des assiettes, au choc argentin des gobelets et des verres ; ensuite les appétits une fois satisfaits et les miettes abandonnées aux oiseaux, l'ordre rétabli dans les paniers et les corbeilles rendues infiniment plus légères qu'au départ, on allait faire une longue promenade. Quelle joie, quelle liberté, quels bons rires ! on se perdait, on se cherchait, on se retrouvait, et au retour, quelle fatigue, mais quel bon sommeil pendant la nuit suivante! Voilà pour les pique-niques.

Quant aux expositions de fleurs, c'était une occasion offerte aux fleuristes amateurs, d'exhiber les richesses de leurs serres, à certains jours désignés, par un comité local ou d'accord, par les propriétaires résidant dans le même rayon d'une ville de quelqu'importance, laquelle est choisie comme lieu de réunion. Des jeunes filles appartenant aux familles de ces diverses sociétés confectionnent pour le concours des bouquets détachés qui pourraient rivaliser, dans la belle saison, avec les chefs-d'œuvre de nos bouquetières de Paris ou d'Angers, si l'on pouvait espérer de rencontrer au fond de l'Irlande les magnificences de nos jardins de la Touraine ou de l'Anjou.

Pour les arbustes, comme pour les spécialités de roses, les familles d'azalées, de rhododendrons, de camélias, de géraniums, fuschias et autres, ce sont principalement les squires et surtout les ladys qui s'en occupent exclusivement, et l'on ne peut nier que ces dames ne soient fières de remporter les prix qui sont décernés par un jury spécial de connaisseurs pris ordinairement dans la gentry. Ces prix consistent soit en sommes d'argent pour le plus souvent abandonnées aux jardiniers et serviteurs qui sont employés à la culture première sous la direction de leurs maîtres.

D'autrefois ce sont des coupes en argent ciselé ; on m'a parlé d'un surtout de table en argent, gagné après trois épreuves successives, dont était sorti vainqueur un de nos amis.

Les ventes de bienfaisance sont aussi en aveur dans ce pays ; ce ne sont pas, comme en France, des œuvres de charité à proprement parler, car j'ai entendu dire que dans toute l'Angleterre, la taxe des pauvres a pourvu aux besoins de l'indigence, mais ces ventes d'objet de valeur plus ou moins importante, quelquefois ces loteries de bijoux, de tapis, de coussins, de meubles, ont lieu pour venir en aide à la réparation ou reconstruction de quelque église du comté ou la fondation ou entretien des écoles.

Il y avait dans un jardin de Damas une fleur précieuse qui se croyait bien protégée par son épais feuillage, une jeune fille vint, et, attirée par la suave odeur que répandait cette fleur autour d'elle, elle chercha et découvrit la fleur cachée dont elle para son corsage.

ÉPILOGUE.

La bienveillance discrète ressemble à la fleur cachée qui se trahit par son parfum.

Fable et maxime Arabes.

Après trois ou quatre grands mois d'absence, notre amie est enfin revenue à son oasis, assez près de nous, pour que nous ayons échangé déjà plusieurs visites ; quelle est cette amie, je ne suis pas autorisée à le dire, comment en effet pourrais-je la nommer sans parler de ses louanges : or elle a horreur des louanges comme d'une marchandise française de mauvais aloi, et la grâce qu'elle met à ce qu'elle fait doit rester ignorée sous peine d'encourir son grave mécontentement; mais si, comme la fleur symbolique du conte oriental, — la violette se trahit par ses senteurs délicates, la violette a-t-elle à se plaindre d'être reconnue par ceux qui passent près d'elle.

Donc, notre amie qui avait en ce moment sous sa garde deux gentilles nièces, qu'elle choye comme une bonne tante qu'elle est, voulut leur procurer ainsi qu'à moi le plaisir d'une excursion sur terre et sur mer. Je laisse à penser avec quel empressement a été accueillie cette aimable proposition. Cette partie de plaisir avait pour but principal de nous faire admirer de près les sites ravissants et pittoresques qu'offre la Rivière Noire (pour lui donner son nom français) dans son parcours jusqu'à son embouchure dans la mer à Youghal (prononcez Yolle) et au pied de la ville de ce nom.

Ce fut par une belle matinée de juillet et de très-bonne heure que notre petite troupe se mit en mouvement au galop de nos chevaux de poste. Tout le monde, je pense, avait le cœur léger et l'esprit peu disposé à la mélancolie. Nous n'avions qu'une seule inquiétude, arriverions-nous à Cappoquin assez tôt pour prendre le petit steamer *Fairy* (la Fée), qui fait le service de ce village à Youghal. Jamais la vallée de la Rivière Noire n'avait été si fraîche, si verdoyante, si fertile en riches pâturages.

Comme pour faire mentir son nom, la rivière reflétait le ciel bleu, l'air était embaumé de l'odeur pénétrante et parfumée du foin nouvellement coupé, car dans l'Ile Verte on ne s'occupe de la fenaison qu'au mois de juillet. L'air matinal résonnait du beuglement des vaches qui traversaient le gué de la rivière pour aller gagner quelque lointain pâturage.

La première habitation qui attira notre attention dans notre course rapide, fut l'ancienne et belle abbaye de Glencairn, devenue une propriété privée comme il s'en rencontre un grand nombre en Irlande, ce qui fait supposer que l'île a dû être, à une époque plus ou moins reculée, peuplée de maisons religieuses abandonnées ou dépossédées.

Ensuite nous apparut le château de Lismore, dont il a été parlé dans la première partie de ce récit, et dont les nobles tours dominent un épais fouillis de verdure et d'ombrage, et se reflètent avec leur entourage dans les eaux de la rivière.

Laissant de côté la ville, le château et le pont de Lismore pour prendre la route de Cappoquin, qui longe les grands bois, les parcs touffus de fastueuses résidences qui, je suppose, ne seraient pas au-dessous des merveilles que l'on rencontre dans les contes orientaux, nous touchons enfin au petit port où se mire et se balance la coquette embarcation dont j'avais été la première à signaler triomphalement la présence et la fumée noire qui sortait à gros flocons de sa cheminée, comme indice de son prochain départ.

A peine descendus de voiture et installés sur le pont, nous voyons la *Fée* tourner sa proue et s'avancer rapidement entre deux falaises boisées assez rapprochées pour paraître vouloir lui disputer le passage. Alors nous pouvons jouir d'un spectacle digne de captiver au plus haut point notre intérêt. D'un côté, le soleil éclairait la petite ville de Cappoquin, avec ses maisons descendant en pente jusqu'au rivage, son pont jeté d'un bord à l'autre, toute cette partie couronnée par des parcs d'une puissante végétation ; de l'autre, la rivière encaissée et silencieuse, dominée par de hautes collines avec leurs grands bois à perte de vue.

En ce moment notre steamer côtoie la résidence seigneuriale de lord Stuart de Decies, posée sur une falaise à pic, surplombant l'abîme et presque cachée par les masses sombres de ses futaies, qui rendent encore plus sombres les profondeurs de la rivière, laquelle, sans s'arrêter, caresse en passant la base du rocher; tout cela était bien beau, mais, s'il faut le dire, d'une beauté uniforme, répandant, par cette continuité non interrompue, une teinte de morne tristesse sur le paysage.

C'est en vain que je cherchais la fumée d'une chaumière derrière ces dômes luxuriants de verdure ou les épis dorés d'un champ de blé réjouissant les yeux comme dans les riches cultures de mon pays, où les châteaux, au lieu d'être les seuls ornements de nos campagnes, sont plutôt de gracieux accessoires que font ressortir, bien loin de la déparer, de fraîches métairies ou des fermes animées donnant de la vie et de la gaîté au reste du domaine; où l'on peut traverser à peine quelques milles sans rencontrer nombre de hameaux entourés de leurs vergers riants, et des villages au milieu desquels s'agite une heureuse population qui se répand à certaines heures du jour, et quelquefois des journées entières, dans ses champs et ses héritages, cultivant suivant la saison ou ramassant ses récoltes, et comme la fourmi emplissant ses greniers pour les besoins de l'hiver.

Je suis trop ignorante de bien des choses pour pousser plus loin mes remarques sur des différences notables que je ne pouvais pas ne pas signaler entre ces deux pays que j'aime. La générosité des pauvres gens qui habitent les campagnes sans les peupler, profite-t-elle de ces exhibitions grandioses qui ne paraissent avoir d'autre but que la satisfaction superbe ou le bien-être des maîtres de ces domaines, je n'ose le croire. De là vient que je n'ai pu dissimuler un regret à l'aspect de ces merveilles de la richesse privée, celui de ne pas voir assez la terre qui nourrit l'homme, à travers ces parcs immenses qui s'étendent et se relient entre eux pendant des milles et encore des milles.

Cependant nous dépassons les ruines d'un vieux château, du nom de Strancally, que je ne mentionne ici que parce que, dans le voisinage de ces ruines, on a élevé un château fort en miniature, le nouveau Strancally, dont l'aspect sévère répond assez au paysage qui l'entoure.

Il est facile de voir que nous approchons de la mer, car le fleuve s'élargit, ça et là émerge un banc de sable, sur lequel vont s'abattre des bandes nombreuses de mouettes et de cormorants, des bouffées d'air salin nous fouettent le visage, nous apercevons quelques petites huttes de pêcheurs, devant lesquelles sèchent des filets, l'horizon s'étend et s'élargit à son tour; mais avant d'entrer en mer, nous voyons apparaître à un détour sinueux de la rivière la splendide demeure de Ballynatray, de construction italienne, qui, du milieu des jardins qui lui servent de ceinture, jouit d'un panorama délicieux formé par les aspects variés des deux rives.

Encore quelques tours de roue, et nous entrons dans le vaste port de Youghal, que domine la ville, dont les maisons descendent en amphithéâtre jusqu'au bord de la mer. A gauche du port, une petite ville qui ne présenterait pas un grand intérêt si l'on n'entrevoyait un peu plus loin, sur la côte, une des *vieilles tours rondes* [1] de l'Irlande; puis les falaises grises, puis, au loin encore, la grande mer bleue : la *Fée* glisse sous le pont, et nous nous trouvons au milieu de nombreux bateaux caboteurs. La rivière est en cet endroit si

[1] Les tours rondes dont il s'agit ici et dont on ne compte pas moins de quatre-vingts dans l'île, ont une existence et surtout une origine fort mystérieuses, — et par conséquent assez obscures. Les antiquaires et les savants ont fait de vains efforts pour leur assigner une date. Les uns prétendent que leur construction dénote un mode étranger : on l'attribue à une colonie partie d'Orient (de race caucasienne ou limitrophe), d'après les noms les plus anciens qui aient été conservés par la tradition. On les appelait la tour du feu, et on en concluait que ces tours avaient été élevées pour servir au culte du feu qui avait son berceau en Orient. Plus tard on les a appelées tours de la cloche, sans doute depuis que s'étaient élevés près d'elles des monastères ou des églises dans les premiers âges chrétiens. La hauteur de ces tours varie suivant, sans doute, les lieux où elles avaient été élevées de quatre-vingts à cent et même cent trente pieds de hauteur.

Il n'y avait d'autre ouverture que quelques fenêtres plus ou moins étroites, dont la plus rapprochée du sol en était encore distante de vingt à vingt-cinq pieds, et c'était le seul endroit par où on pouvait y pénétrer; elles sont si solidement construites, qu'on a dû renoncer à leur destruction.

profonde, que des bateaux de 4 à 500 tonneaux peuvent aisément la remonter à partir de son embouchure.

Le premier soin des touristes, à leur arrivée, est de visiter les monuments qui illustrent les lieux où ils passent. Nous avons donc commencé notre inspection par la vieille église gothique de Youghal [1] qui a dû être un spécimen intéressant d'antiquité avant d'avoir été reconstruite en partie ; et malgré cette réparation, c'est encore un objet d'art dans lequel on retrouve des restes précieux. Ainsi les murs sont recouverts de mosaïque, de sculptures également curieuses. On montre une fenêtre faisant partie autrefois d'une vieille abbaye dont la fondation, attribuée aux

[1] On remarquera que ce nom comme une infinité d'autres que l'on rencontre dans le dialecte Irlandais ont une grande similitude avec des mots et des noms Ecossais ; ceci s'explique par un fait consigné dans les traditions, qu'une partie de l'Ecosse qui correspond à l'ancienne Calédonie, a été colonisée par les Scots, tribu puissante de la vieille Hibernie, et, qui après avoir disputé le sol aux Pictes, habitants originaires du pays, se fondirent avec eux dans une seule et même nation, l'Ecosse.

comtes de Desmond, remonterait au XVe siècle (1464); mais je citerai surtout comme particulièrement remarquables, de vieux tombeaux rangés dans la sacristie, et sur lesquels sont sculptés des chevaliers armés de toutes pièces.

Mais nous avions hâte de visiter aussi la maison de sir Walter Raleigh [1], qui est voisine de l'église. Cette maison est construite dans le style de l'époque des Tudor; les murs des diverses chambres sont recouverts de chêne sculpté. Dans le jardin s'ouvre une galerie souterraine conduisant à l'église ; c'est, sans doute, par ce passage

[1] Il n'est pas d'homme dont la fortune ait subi autant de vicissitudes que celle de sir Raleigh ; ce célèbre aventurier, un des plus grands navigateurs et marins qui se soient illustrés sous le règne d'Elisabeth, compte en outre, au nombre de ses titres de gloire, la soumission de l'Irlande, et, après la tempête, la dispersion de la fameuse Armada, cette flotte *dite invincible* de Philippe II, d'Espagne. Longtemps membre du Parlement, honoré de la faveur de la souveraine, disgrâcié sous le règne de Jacques Ier et détenu pendant douze ans dans une prison d'Etat, après quoi rendu à la liberté, puis enfin condamné à mort et exécuté en 1618.

On lui attribue l'importation, en Angleterre, de la pomme de terre et du tabac, c'est à dire, la première, une des choses les plus utiles, et l'autre, la plus funeste à l'humanité.

qu'il avait coutume de se rendre aux offices à l'époque notamment où il était le premier magistrat d'Youghal en 1588-89.

C'est dans ce jardin que furent cultivées les premières pommes de terre qui parurent en Irlande. On nous montra l'if qui conserve le nom de l'ancien maître, et à l'ombre duquel il avait coutume de s'asseoir, soit pour s'oublier, au milieu de la fumée du tabac, sa précieuse conquête, soit pour lire son livre favori *Fairy Queen*, œuvre du poëte Spencer.

On raconte qu'en faisant quelques réparations à la maison, on découvrit dans quelque cachette de la muraille une vieille édition de la Bible de la fin du XVe siècle et d'une date postérieure de trente-quatre ans seulement à l'invention de l'imprimerie. Notre curiosité satisfaite à l'endroit des vestiges laissés par ce courtisan guerrier, nous gravissons les hauteurs qui dominent la ville et d'où s'offre à nos regards une perspective étendue comprenant la baie, le port couvert de bateaux, l'île du Câble, le pont jeté sur la rivière devenue un fleuve presque majestueux au moment où il perd son caractère pour s'unir à la mer — le tout encadré par les sommets de Slievenaman[1] et les collines de Knockmeiledown[2] qui se perdaient dans le lointain.

Nous n'avions pas pris le temps de nous arrêter sur le rivage, et j'étais impatiente de respirer de plus près les brises vivifiantes de la mer qui me rappellent les plus heureux jours de mon enfance. Hélas! déjà le passé pour moi. Aussi, avec quel délice je me vis encore une fois au bord de l'Océan, foulant sous mes pieds le sable fin de la plage, et interrogeant du regard cet horizon infini qui fuyait devant moi. Je pouvais donc chercher sous les galets amoncelés, dans les crevasses des rochers, dans les flaques d'eau laissées par le reflux de la marée, quelques trésors apportés du fond des abîmes; mais vain

[1] Montagne du comté de Waterford.
[2] Idem.

espoir, l'eau se retire, se retire encore, comme pour me laisser le chemin libre. Cette mer du Nord n'est pas prodigue de ses richesses comme celle de mon pays ; et des heures se passent sans que je puisse trouver et rapporter le moindre souvenir maritime de mon excursion tant souhaitée à Youghal.

Avant de reprendre le chemin du port, nous faisons une station dans un charmant petit cottage mis à notre disposition, où le thé nous est servi. Cette gracieuse retraite est abritée des vents de mer par des dunes élevées, recouvertes d'une herbe fine et veloutée, et de plus entourée d'une haie parfumée de pois de senteur. Après quelques moments donnés à un délicieux bien-être dont nous avions tous besoin, je désirais voir encore une fois la grande mer, et, pendant que le crépuscule du soir éclairait le couchant de ses lueurs mystérieuses, je montai sur les dunes pour dire un dernier adieu aux vagues qui venaient se briser en mourant sur la grève déserte. Puis le moment de partir étant venu, nous remontons à bord de la *Fairy* qui s'éloigne aussitôt de la jetée; puis, le pont franchi, nous voguons au milieu du bassin. Le soleil était couché, cependant un de ses derniers rayons dorait encore une partie du ciel. Son reflet tombait sur les eaux dont aucune ride ne venait troubler la surface unie. Nous avions fait à peine un mille, lorsque les notes douces et mélancoliques d'une musette résonnèrent près de nous : c'était à un passager que nous devions cette mélodie champêtre dont le charme imprévu s'augmentait encore de la fraîcheur de la brise, du silence de la soirée et de la disposition particulière de nos esprits. Nous avancions lentement, car nous remontions la rivière et nous étions encore à quelque distance de Ballynatray, lorsqu'il se dessina devant nous, illuminé à la manière des palais enchantés. Cette apparition presque magique du château italien, éclairant notre marche silencieuse au milieu des eaux dormantes, aurait pu nous faire croire que notre barque glissait dans le grand canal de Venise, éclairée par les feux d'une fête patricienne, dans quelque palais de la ville des Doges, si les collines et les bois sombres qui bordent les rives du Blackwater et une masse compacte assez mal éclairée par quelques lanternes mobiles qui faisaient l'effet de feux-follets, ne nous avaient rappelés au sentiment de la réalité, et qu'au lieu de côtoyer le Lido, nous étions sur le point d'aborder à Cappoquin, où nous nous arrêtâmes que le temps de reprendre la voiture, et les chevaux qui nous ramenèrent à M. P., notre point de départ.

VISITE A UNE FLOTTE CUIRASSÉE ANGLAISE.

19 août 1871.

Peu de jours après notre expédition d'Youghal, ma tante ayant été appelée pour une affaire à Cork où je dus l'accompagner, nous avons eu la bonne fortune d'apprendre en arrivant qu'une flotte cuirassée était attendue très-prochainement dans le port de Queenstown [1] (ville de la Reine), pour remplir une mission de surveillance. Dès le lendemain, en effet, une canonnade forte et prolongée se fit entendre dans la direction de la côte, et le jour suivant les habitants de la ville furent tirés de leur sommeil, dès quatre heures du

[1] Cork est à une distance de dix milles de Queenstown. Cette distance est parcourue d'ordinaire à l'aide d'une barque très-fréquemment employée à cet usage sur la rivière Lee qui se jette dans la mer au port même.

matin, par le canon des forts qui rendaient à grands fracas le salut d'usage aux vaisseaux de la reine, et les premiers curieux qui se mirent aux fenêtres de leur logis purent voir une dizaine de beaux vaisseaux de ligne paisiblement ancrés dans la baie. Nous acceptâmes la proposition qui nous fut faite, par une famille amie, de l'accompagner dans la visite qu'elle comptait faire à la flotte, et nous partîmes en nombreuse compagnie.

Nous nous embarquâmes donc sur un des petits steamers de rivière, opérant un va et vient continuel entre Cork et Queenstown. C'était la première fois que je naviguais sur la rivière Lee qui est très-belle et intéressante, car lors de notre arrivée en Irlande, nous avions quitté notre steamer à l'entrée du port, pour prendre le chemin de fer, cette voie étant la plus rapide. Nous traversons d'abord le port proprement dit, c'est-à-dire les quais de la ville où les bâtiments viennent, avec la marée, décharger leurs marchandises et où ils prennent leurs cargaisons. Je vois amarrés aux môles du port bon nombre de caboteurs, grands et petits, des remorqueurs, des steamers, les uns à la voile, les autres à hélices, et dont quelques-uns très-beaux, tout cela venant de tous les ports d'Irlande, d'Angleterre et des mers bien plus lointaines encore [1].

Nous passons ensuite devant une longue série de terrasses, bâties à mi-côtes, où s'étagent de belles rangées de maisons blanches ou des villas isolées à l'aspect gai et propret, dont le voisinage rafraîchit de la poussière et de la suie noire de la ville. Plus loin, s'élève comme sortant de l'eau, le beau château de Black-Rock, destiné à éclairer la baie et la rivière pendant la nuit, et qui est tellement près du bord que les vagues viennent sans cesse baigner sa base.

Nous faisons escale à plusieurs petits villages pittoresquement nichés sur des collines. Des

[1] On n'a pas oublié que Cork est par son importance, son commerce et sa population, la deuxième ville d'Irlande, et que le port de Queenstown est le plus grand des trois royaumes.

bouées, des balises et mille signaux de ce genre, dansent comme des bouchons de liége sur l'eau qui commence à devenir jaune et boueuse.

Enfin nous entrons dans le port, le grand port de Queenstown, au-dessus duquel trône sa ville, coquettement assise sur une hauteur d'où elle domine la vaste baie; puis au loin, bien loin, la mer. Mais ce ne sont ni la baie ni la ville qui sont aujourd'hui les objets de notre admiration, mais bien ces beaux et grands vaisseaux qui sont là immobiles dans leur majesté, tout bardés de fer et noirs et sombres comme une prison d'Etat. On dirait d'énormes monstres marins que des hommes auraient domptés et dans le corps desquels ils auraient planté des mâts. Notre bateau passe près de l'arrière de l'un d'eux, et je lis sur la poupe "*Prince Consort.*" Nous abordons et nous nous hâtons de demander s'il est possible de le visiter; malheureusement pour nous, ces noirs étrangers arrivés depuis le matin seulement étaient beaucoup trop occupés à ravitailler leurs soutes à charbon pour être visibles; aussi sommes-nous obligés de nous retourner du côté de la *Mersey* [1], vaisseau de garde, en permanence dans le port; et munis d'une permission du lord amiral, nous cherchons une chaloupe qui puisse nous conduire à bord. Le temps qui jusqu'alors avait été favorable changea tout d'un coup et nous essuyâmes, en terme de marine, un grain; mais il aurait fallu plus qu'un peu de pluie pour ébranler notre courage : aussi montâmes-nous dans la barque sans nous préoccuper des menaces du ciel, et nous fûmes bientôt sous le tribord de la *Mersey*. Je me crus au pied d'une tour flottante en me trouvant près du flanc d'un bâtiment de 39 canons ; c'était le premier vaisseau de cette dimension qui s'offrait à mon avide curiosité.

La *Mersey* est un magnifique trois-ponts de 4,000 tonneaux environ, en bois solide et d'une propreté exquise; il paraît que l'on s'occupe de

[1] Ce nom est pris de celui de la rivière sur laquelle est située Liverpool.

sa toilette tous les jours. Voyant notre chaloupe arrêtée au bas de la petite échelle pliante qui était accrochée au pont, un matelot descendit et se chargea de porter nos cartes et le laissez-passer de l'amiral au premier officier du bord, car le capitaine était absent. Bientôt, en effet, le premier lieutenant parut lui-même au haut de l'échelle et nous pria, d'une façon toute gracieuse, de monter, ce que nous ne nous fîmes point répéter. Une fois sur le pont, j'ouvris de grands yeux, tâchant de me rappeler le nom des mâts, des cordages et tous les termes nautiques que j'avais si souvent rencontrés dans divers livres et récits de voyages.

Le pont était lavé, brossé, nettoyé et presque glissant à force d'avoir été frotté, et le parapet qui règne tout autour était si élevé que l'on ne pouvait rien voir du monde extérieur ; il est vrai que l'intérieur formait à lui seul un petit monde fort intéressant et tout nouveau pour moi. Nous marchons de long en large entre des piles de cordages soigneusement roulés, et des canons près desquels étaient amoncelés des pyramides de boulets. Les deux grandes cheminées étaient provisoirement démontées en raison de l'état stationnaire du navire, mais dans chacun des gouffres béants dix hommes réunis auraient facilement pu y descendre. Après examen du pont dans tous ses détails, depuis les cordages jusqu'aux mâts, qui s'élevaient à une telle hauteur qu'il était difficile de les regarder jusqu'à leur faîte sans éprouver le vertige, il nous fallut descendre dans l'entre-pont où tout était symétrique et rangé comme dans un musée. — De chaque côté, deux lignes de petites ouvertures rondes et à travers chacune des ouvertures on voyait briller la bouche d'un canon.

On nous conduisit ensuite dans le salon et la cabine du capitaine ainsi que dans celles des officiers, dont quelques-unes étaient soignées avec une véritable coquetterie, mais elles étaient si petites, si petites, que deux personnes auraient pu s'y tenir à peine.

Après une curieuse inspection, il nous fallut descendre dans le faux pont ou troisième pont, où se trouve le dortoir des hommes de l'équipage, marins ou soldats, leur cuisine, leur salle commune. Presque tout l'équipage de la *Mersey*, dont le personnel comporte de 5 à 600 hommes, étant occupé à aider les navires cuirassés dans leur chargement de charbon, nous ne vîmes que peu d'hommes à bord, et ceux-là étaient occupés à manger leur souper à la lueur de quelques lampes fumeuses, qui, je l'avoue, suppléaient mal au jour absent de ce lieu.

La chambre de la machine où l'on nous conduisit ensuite, excita parmi nous un vif intérêt, tant par l'appareil de cet engin puissant, poli, frotté, luisant comme s'il sortait des ateliers de construction, que par les rouages innombrables qui doivent le mettre en mouvement, et les vastes chaudières non moins remarquables par leur capacité que par leur poids énorme. Que dirai-je de la chambre destinée aux approvisionnements de toute nature et remplie de coffres immenses pour le thé, le café, le sucre, le chocolat, la farine et des caisses de biscuits dont le contenu résonnait comme des éclats de bois dont il avait la dureté.

Emerveillés de la prodigieuse quantité de ces magasins dont nous admirions moins l'ordre que la prévoyance, nous fûmes invités par MM. les officiers du bord à nous rendre au salon où nous furent servis des rafraîchissements et des biscuits appropriés à la circonstance et n'ayant aucun rapport avec ceux affectés au voyage de long cours; après quoi, ayant fait nos adieux, nous fûmes reconduits à notre chaloupe avec le même cérémonial et la courtoisie qui caractérise MM. de la marine royale.

Notre curiosité n'était qu'à demi-satisfaite, et nous revînmes autour des vaisseaux cuirassés, afin de les examiner le mieux possible. Le "*Prince*

Consort " étant le plus rapproché, c'est vers lui que nous nous sommes dirigés tout d'abord. Quoique tout aussi grand que la *Mersey*, il paraissait plus petit, plus épais et comme ramassé sur lui-même : c'est l'armature en fer qui en est la cause et qui diminue la hauteur au-dessus de l'eau de ces bâtiments et les rend plus lents à la marche. S'ils sont à l'épreuve des boulets et de la mitraille, en revanche ils n'ont pas cette grâce, cette élégance des anciens vaisseaux en bois. On assure qu'ils sont aussi plus difficiles à manier dans une tempête. On a joint aux moyens de défense qu'indiquent leur nom et leur origine, un système de défense et d'attaque en même temps, lequel se compose de petites tours cachées sur le flanc du navire, où les hommes se postent en tirailleurs; mais cette nouvelle invention est une cause d'embarras pour les mouvements des manœuvres, en sorte qu'il est probable que l'on sera obligé d'y renoncer.

Le "*Prince Consort*" faisait sa toilette, c'est-à-dire que les hommes de l'équipage lui rendaient ce service, et c'était un curieux spectacle que ces matelots perchés sur des échelles de cordes, suspendus le long des flancs du navire et armés de longs balais avec lesquels ils lavaient et nettoyaient l'extérieur des armatures. Plusieurs de leurs camarades, sans doute ceux qui n'étaient pas de corvée, s'étaient groupés à l'ouverture d'un sabord, d'où ils examinaient les diverses chaloupes remplies de visiteurs qui se pressaient autour de la flotte : c'était plaisir de voir leurs figures noircies se dilater sous l'influence de la bonne humeur et de gais propos qu'ils semblaient échanger entre eux. Jamais je n'avais vu rien de plus noir, de plus disgracieux, présentant une masse plus lourde qu'un vaisseau cuirassé; mais son air de puissance et de force semblait racheter cette absence de grâce, surtout ses longues rangées de canons, dont la bouche paraît toujours prête à lancer une exclamation... de mitraille. Nous aurions bien désiré prolonger notre promenade en mer, car de distance en distance d'autres navires d'un plus fort tonnage attiraient notre attention : un surtout, ancré à l'entrée de la baie où commence la haute mer, et qui portait cinq mâts, mais il était trop éloigné et la journée trop avancée. Il nous fallut donc songer à revenir à terre [1].

Comme nous approchions du rivage, je vis poindre au loin un petit steamer rouge et noir, que quelqu'un près de moi nomma comme devant être le *Preussicher-Adler* — le bâtiment qui m'avait amenée d'Angleterre et qui m'avait paru si imposant lorsque je l'avais vu pour la première fois au quai de Bristol. " Comment ! " m'écriai-je avec incrédulité, "ce petit bateau là bas, le *Preussicher*-

[1] La flotte se composait de dix vaisseaux, dont les principaux étaient :

Le Prince Consort.
L'Hercule,
Le Warrior (le Guerrier),
La Défense,
Le Northumberland à cinq mâts est le plus grand de tous, et plusieurs autres de diverses dimensions.

Adler, c'est impossible. L'impossible était pourtant le vrai, et, je ne pus en douter, lorsqu'il se fut approché. J'oubliais que la comparaison que je venais de faire des vaisseaux de haut bord ne pouvait lui être favorable et avait dû effacer la première impression que j'avais ressentie à sa vue lorsque je ne connaissais encore que des bateaux de rivière. Cette petite déception me remit en mémoire une maxime que j'ai trouvée quelque part dans mes anciennes lectures :

« Que la *comparaison est souvent l'écueil de l'admiration.* »

Et cette autre d'un sage ancien :

« *Que ce que l'on gagne du côté de l'expérience, on le perd du côté de l'illusion.* »

UNE QUESTION DE LATITUDE.

On touchait aux derniers jours d'août, à cette époque charmante où le paysage et la campagne changent de physionomie et semblent revêtir une forme nouvelle. Il y a longtemps, dans notre beau pays, que les foins sont coupés, et, suivant l'expression locale plutôt que française, serrés (ramassés). Les moissons dorées sont tombées sous la faucille et rentrées en grange ou formées en meule dans les entours de la ferme. Le vigneron attentif doit chercher sous les pampres et interroger discrètement les grappes qui seront bientôt, si elles ne le sont déjà, vermeilles, et songe à préparer le pressoir. Le feuillage s'est enrichi de mille teintes variées empruntées aux rayons pâlis du soleil de l'automne qui s'avance.

Ici, au contraire, les arbres n'ont encore rien perdu de leur verdure printanière, les gazons sont toujours aussi épais, aussi fins, aussi veloutés, les meules de foin sont encore dans la prairie; une partie est même disséminée çà et là pour sécher : c'est à peine si le seigle et l'avoine sont en meules sur les hauteurs. Quant au riche froment, l'orgueil des campagnes de la France, il est rare comme toutes nos grandes cultures.

Ces différences de température, aux mêmes époques, entre les deux pays, peuvent, je suppose, être attribuées à cette cause que l'Irlande est, par rapport à la France, de six à sept degrés de latitude plus éloignée de l'équateur. L'été est donc plus tardif et à peu près nul quant à la chaude influence qui règne ailleurs en cette saison. Croirait-on que j'ai eu beau chercher dans les champs, et que je n'ai trouvé *ni un bluet, ni un coquelicot.*

Par compensation à la chaleur qui fait défaut aux étés d'Irlande, l'hiver y est sans frimas, presque comme nos printemps, et ne se fait guère connaître que par des pluies incessantes : heureux ce pays si elles ne se prolongeaient pas toute l'année.

Quelques jours après notre visite à la flotte, ma bonne tante de K... y nous conduisit à la dernière exposition des fleurs de la saison à Lismore. C'est dans les ravissants jardins du riche domaine du duc de Devonshire, que les tentes avaient été établies sur une vaste pelouse qui n'avait de limites que la rivière. C'était un des plus gracieux spectacles que j'eusse vus et dont faisaient partie nombre de groupes élégants qui se perdaient et reparaissaient au milieu des fleurs et des bosquets touffus ayant pour encadrement le magnifique château, les bois, les prairies et de lointaines perspectives. En parlant de cette exposition qui dépassa toutes les autres, au moins par son emplacement, je ne puis détourner ma pensée de ces brillantes solennités qui donnaient tant de relief à ma ville natale, avant les malheurs de la guerre. C'étaient de véritables fêtes publiques en permanence pendant plus de quinze jours et qui attiraient tant de curieux et d'étrangers! Comment pourrai-je les oublier, moi élevée et presque nourrie dans ce magnifique jardin qui leur servait de théâtre, qui touche à notre maison, et où, depuis le jour de ma naissance, j'étais portée du matin au soir par ma bonne, jusqu'à ce que mes parents pussent m'y conduire eux-mêmes.

UN RENDEZ-VOUS DE CHASSE.

En revenant de Lismore, ma tante nous déposa à M., où nous étions attendues et où notre chère hôtesse, qui savait si bien pratiquer ce précepte de la bonne compagnie, qui rend l'hôte responsable du bonheur de ses invités, ne laissait échapper aucune occasion de nous procurer quelque distraction.

Tantôt elle nous menait, connaissant nos goûts champêtres, à la recherche de quelque cascade ou torrent inconnus grondant au fond d'un vallon solitaire ou de quelque point de vue nouveau au sommet d'un coteau éloigné; tantôt nous allions, sous sa conduite, à un rendez-vous de chasse. Il n'est pas besoin de dire si nous sommes bien reçues, nous apportons des vivres, et le lunch est servi sur la bruyère. Pendant que chacun se livre à son appétit, j'examine avec curiosité ce tableau nouveau pour moi et par conséquent plein d'intérêt.

Au premier plan d'abord, la dame qui fait les honneurs et les chasseurs dans des poses diverses, indiquant un notable bien-être. Derrière nous, les chiens groupés autour du garde-chasse, et des rabatteurs portant des ceintures pleines de cartouches. A l'horizon, du côté du couchant, s'étendent des collines ondulées, et autour de nous, à perte de vue, une lande de bruyères qui frissonne à la brise; à quelque distance, une ferme d'où sort un jeune pâtre apportant une cruche en terre qu'il a remplie à quelque source ou fontaine voisine, et qui complète la scène. Mais le lunch est terminé pendant que j'ébauche cette description; les chasseurs sont debout et nous promettent les grouses (coqs de bruyère) et les lièvres qu'ils tueront... probablement. Nous leur souhaitons bonne chance, et, prenant congé, nous retournons à notre voiture.

Une autre fois, nous faisions l'ascension d'une

montagne dont le faîte ne doit guère avoir d'autres habitants que les perdrix et les lièvres. Le but que nous nous proposions n'était pas précisément de visiter les gîtes où *songent* les lièvres, ni les bruyères où se cachent les perdrix, mais bien de saisir le moment d'une éclaircie, si le soleil se montrait clément, qui devait nous permettre de voir une échappée de mer dans la direction du promontoire de Helvic-Head ; mais le soleil ne fut pas généreux, et resta obstinément caché, et nous revînmes sans avoir vu scintiller les vagues, mais du moins après une délicieuse promenade et dédommagées de notre déconvenue en nous arrêtant devant une jolie ferme située sur le penchant de la montagne et adossée à un bois de sapins, à travers lequel on entendait les soupirs du vent. A côté, se trouvait un petit jardin, dans lequel on apercevait une tonnelle ombragée par des chèvrefeuilles, plus loin quelques ruches où l'on entendait bourdonner les abeilles ; enfin un siége rustique complétait le confort de ce petit cottage. Un vieux fermier, le bonnet à la main, nous fit les honneurs de son jardinet, et reçut, avec nos compliments, ceux bien plus intéressants de notre amie, qui y joignit la promesse d'un prix comme récompense de la bonne direction qu'il donnait à sa ferme dépendant de ses domaines.

Je n'avais eu, hélas! que trop d'occasions pour constater ailleurs l'indifférence apathique, la malpropreté sordide, la paresse, compagne ordinaire du désordre et de la misère, qui caractérisent la plupart des habitants des chaumières. Le pauvre paysan Irlandais, en général, aime mieux souffrir de la faim que de travailler. Il a peu d'industrie naturellement, et ne sait pas suppléer à l'insuffisance d'un sol ingrat, bien différent en cela de nos cultivateurs de France les moins favorisés qui s'ingénient de mille manières à se créer des ressources.

La principale, pour ne pas dire l'unique culture à laquelle se livre l'Irlandais pour son propre compte, est celle de la pomme de terre, qui est à peu près son seul aliment. Y a-t-il abondance de ce légume, lui et les siens ne se nourrissent que de pommes de terre cuites dans l'eau et qu'ils trempent dans un peu de lait aigre : y a-t-il disette, il tombe dans la dernière misère; au lieu de chercher les moyens d'acquérir et nourrir une vache qui pourrait à son tour faire vivre toute sa famille, il se borne à réunir quelques cochons qui cherchent leur pâture dans des pelures de pommes de terre ou d'autres résidus repoussants, et n'ont guère d'autre domicile qu'une mare stagnante et fétide, à peine éloignée de quelques pas de sa maison. Si la vente de l'un de ces élèves lui procure de temps en temps quelques schillings, il en a bientôt trouvé la fin, car la tempérance n'est pas sa vertu dominante. Il advient de tout ceci, au moins pour cette partie du pays que j'ai spécialement visitée, que la race s'étiole et dégénère, et que chez un certain nombre, le caractère des traits humains, que les livres saints nous ont appris à considérer comme l'image de Dieu, s'altère et se rapproche de la ressemblance du singe, que plus d'un savant suppose n'être autre chose que l'homme dégénéré [1].

Le mal que nous avons signalé en terminant le chapitre précèdent, est-il sans remède; non,

1 Cette observation et appréciation de l'auteur faite d'après les types de la partie sud-ouest de l'Ile et dans les conditions les plus défectueuses du pays, peut s'expliquer par différentes causes qui ne sont guère contestées aujourd'hui : c'est en premier lieu, d'abord, l'état géologique de l'Irlande, que tous les géographes s'accordent à représenter comme étant couverte pour la plus grande partie par des marais et des flaques d'eau perpétuellement stagnantes,

2° L'indifférence trop longtemps apportée à une bonne administration de l'Ile sœur, dont il semble que les impôts pour une forte part auraient dû être consacrés à des tentatives d'assainissement général et à un système de grands travaux ayant pour but de combattre les progrès du mal et encourager l'initiative privée qui aurait besoin d'exemples venus de plus haut.

En troisième lieu, cette autre plaie particulière au pays et si bien caractérisée sous le titre d'absenteeism (absentéisme) par un écrivain justement apprécié dans son pays, Mrs Hall, fait qui consiste, de la part des riches propriétaires de l'Irlande, à y rester étrangers, sans autre préoccupation que d'aller dépenser à Londres ou sur le continent tous les revenus provenant de leurs riches possessions, au lieu d'en faire profiter les nationaux.

espérons-le dans l'intérêt de ce pays qui a conservé encore une partie de ses mœurs primitives, sa loyauté et ses sentiments religieux. Car, s'il y a des maîtres dont l'incurie imprévoyante et funeste rivalise avec celle des pauvres gens qui vivent sur leurs terres, nous en connaissons de plus humains et de plus intelligents qui ne négligent rien, ni exhortations, ni promesses, ni récompenses pour stimuler ces caractères indolents, et qui parviennent ainsi à triompher de la résistance d'inertie que l'on oppose trop souvent à leurs efforts, et leur enseignent ainsi à vivre en chrétiens appelés à une autre destinée que les animaux.

A l'appui et comme preuve de ce qui précède, j'ai besoin de raconter une scène dont j'ai été témoin et où moi, petite fille de quinze ans, j'ai été appelée à jouer un *rollet*, comme aurait dit le roi Charles IX.

Nos sages amis voulant encourager leurs tenanciers et faire naître en eux le désir d'améliorer leurs basses-cours, leurs laiteries et la confection de leur toile de ménage, ont eu l'heureuse inspiration de fonder une exposition annuelle et champêtre de tous ces produits spéciaux auxquels il est accordé des primes, suivant le degré de perfectionnement et d'amélioration qu'ils ont pu atteindre.

Ce jour-là qui est un véritable jour de fête, on voit des groupes de paysannes jeunes et vieilles, vêtues de leurs habits des dimanches, monter l'avenue, les unes portant des paniers remplis de beurre frais et salé, d'autres chargées de poulets et de canards attachés par couples, se débattant et criant à l'imitation les uns des autres. Plus loin avancent les vieilles femmes enveloppées de leurs grandes mantes à capuchon (le vêtement national), et portant leurs pièces de toile sur le bras. A mesure qu'elles arrivent, on les range dans la cour du château, et les principaux candidats se réunissent sous un hangar préparé pour l'occasion. Les pièces de toile sont rangées sur une table et les paniers de beurre sur une autre, tandis que les pauvres volatiles sont alignés par terre : le brouhaha de toutes ces voix, le retentissant *quac-quac* des canards, tout me rappelle le petit marché de Pornic, mais c'est en vain que j'aurais cherché, parmi ces femmes à tête nue, une seule figure expressive comme celles qu'encadrait le bonnet Breton ou la gracieuse coiffe normande. Pour tout dire en un mot, excepté leurs yeux bleus qui brillent et sont assez beaux, les Irlandaises de la campagne n'ont rien ni dans la physionomie, ni dans leur toilette par trop négligée, rien qui rappelle la finesse des traits ou la désinvolture coquette des paysannes françaises se rendant le dimanche aux offices : mais revenons à l'exposition. Le moment solennel approche, le premier article soumis à l'examen impartial du jury, lequel est composé de ma tante et de la châtelaine, comprend les pièces de toile : toutes les commères s'agitent, nous entourent en parlant toutes à la fois. " Ah ! votre honneur, c'est celle-là qui est ma toile, voyez comme elle est belle et blanche". " Mylady ", reprend une autre, " voici la mienne", "*c'est ça qui est tissé*", et ainsi d'une troisième, une quatrième et le reste. C'est avec peine que l'on parvient à les faire taire pendant la délibération *du conseil*. On passe aux deuxième et troisième articles admis au concours, savoir : le beurre et la volaille dont à ma grande confusion à laquelle se mêle une certaine joie, je suis constituée juge unique et sans appel. Le rouge me monte au visage, le cœur me bat, j'entre pourtant en fonction; mais qu'il est donc difficile de se rendre compte de la différence qui existe entre le poids de cette couple de poulets noirs et ces gros cochinchinois là bas ! Je tremble de commettre quelque injustice, je les soulève tour à tour, je les quitte et les reprend, et quoique je le fasse aussi doucemont que possible, les pauvres bêtes crient à fendre l'âme, comme si j'allais prononcer leur propre sentence. Tous les yeux se fixent sur moi, ce qui me rend encore plus maladroite; mais je n'en suis pas encore quitte:

” Tenez, ma jeune lady, dit une grosse fermière, vous n’avez pas soulevé ceux-ci” ; ”ni ceux-là”, reprend une autre voix. C’est ainsi que ma besogne se complique; enfin je prends un parti énergique et je me décide pour les noirs. Mais ce n’est pas fini : après les poulets vient le tour des canards, et le bruit qu’ils font rend ma tâche encore plus délicate. C’est à peine si j’ose en approcher, surtout de l’un d’eux, un gros canard à bec jaune, qui présente sondit bec partout où je veux poser la main. La cérémonie va se terminer pour moi par le beurre : il me faut goûter à tous les paniers ; si encore il s’agissait seulement d’une tartine...

Enfin ma mission, mission toute de confiance, est remplie. On appelle les lauréats, et notre présidente leur distribue les prix ; et c’est avec un soupir de soulagement et de satisfaction que je les vois s’éloigner. Mais avant qu’ils aient disparu, ces terribles paroles arrivent à mon oreille : ” ah ! la jeune lady m’a certainement fait du tort, car je passe pour avoir le meilleur beurre du pays sur le marché, et elle ne m'a donné que le deuxième prix " ! Me serais-je trompée, ce n'est pas impossible; j'en ai encore un reste de remords aujourd'hui.

Malgré tout, et quoique tous les candidats ne puissent pas espérer le premier prix, un désappointement passager ne détruit pas l'émulation, et l'année prochaine ils ne mettront pas moins d'empressement à venir concourir. Ainsi le but que se sont proposé leurs maîtres est atteint, et le sort des serviteurs s'améliore avec le temps et la persévérance.

Mais le soin des propriétaires du domaine ne se borne pas *ici*, à préparer une situation meilleure à ceux qui les entourent, ils s'occupent avec la même sollicitude de l'avenir en surveillant personnellement l'éducation des enfants de la propriété. Chaque année, les jeunes écoliers, filles et garçons, ont aussi leur jour de fête au château: ce jour-là ils sont conduits par leur instituteur, deux à deux, devant les châtelains; il y a même un discours prononcé par le plus méritant de la classe. Il est facile d'en reconnaître l'auteur à l'air heureux et satisfait du magister, et ce n'est pas la seule chose empruntée aux traditions des temps anciens, car le reste du jour est consacré aux jeux de leur âge avec le bruit et le mouvement accoutumés, et surtout à des rafraîchissement composés de thé et de gâteaux; en ce qui concerne cette dernière partie, je dois dire et reconnaître avec humiliation, pour mon sexe, que les petites filles étaient comparativement plus gourmandes que les petits garçons, et que celles-ci levaient bien plus souvent la main que les autres, pour faire remplir leurs bols de thé et demander des tartines de pain aux raisins de Corinthe. Pour bien finir cette journée, il y avait sous le hangar bal aux lumières enguirlandées de lierre, où étaient invités les jeunes paysans des deux sexes en âge de danser, ainsi que leurs parents et ceux que l'on appelle les anciens du pays. Il y avait là de bonnes figures, surtout celle du menestrel (partie indispensable de ces fêtes), qui était sourd et prenait si bonne part aux rafraîchissements, notamment au porter, que c'était miracle qu'il put diriger la gigue et l'hornpipe qui sont les danses spéciales du pays.

PAUVRE ENFANT PERDU DANS UN BOIS.

Dans ce pays qui se prête si naturellement à l'observation, chaque jour, chaque promenade nous apportaient quelque découverte que nous cherchions le plus souvent ou qui s'offrait en quelque sorte d'elle-même à notre curiosité ; ainsi ayant pénétré un jour dans une vallée du nom de Glenmore [1], vallée étroite à son entrée et encaissée entre des accidents de terrain d'un côté et de l'autre par des bois impénétrables comme des murailles, nous suivions le lit où coule un torrent paraissant d'humeur pacifique, parce qu'il ne trouve pas d'obstacle sur son passage, sans quitter le sentier sinueux qui tantôt s'écarte, tantôt se rapproche de ses bords. A

[1] Cette vallée est enclavée entre deux vastes propriétés, dont l'une est appelée du nom poétique de Flower Hill, c'est-à-dire colline des fleurs.

mesure que nous avançions dans ces lieux un peu sauvages nous voyions la vallée s'élargir graduellement et présenter l'aspect tantôt d'une savane, tantôt d'une forêt américaine, dont nous admirions la puissante végétation que nous frôlions presque en passant, lorsque ma chère et aimable conductrice m'invita à passér devant elle pour jouir la première d'un spectacle inattendu et grandiose qui se déroule à nos regards. Ce ruisseau-torrent qui jusque-là coulait paisiblement le long de la vallée, démasqué tout à coup sur un plateau découvert et abrupte, s'élance avec fracas sur des roches de granit qui renvoient ses ondes en panaches d'écumes et, jaillissant en quatre chutes superposées en étages, tombe d'une hauteur de plus de trente pieds dans un bassin naturel, d'où il reprend sa course à travers le vallon qui continue. Après nous être abandonnées quelques instants au charme de cette contemplation, nous étant assises sur une large pierre au bord de cette sorte de cataracte, notre amie me raconta que cette même place où nous étions, avait été témoin, il y a quelques années, de l'agonie d'une jeune enfant fille d'un berger dont le cottage se trouve à la lisière du bois. Il paraît que cette pauvre petite créature, comme un autre Chaperon rouge, entraînée par le désir de cueillir des fleurs, s'éloigna peu à peu de la maison sans être vue de ses parents, puis s'égara, quand elle voulut revenir, marchant sans doute en sens opposé, jusqu'à ce qu'elle fût arrivée à cette plate-forme où elle serait tombée de fatigue et d'épuisement : vainement sa mère se mit-elle à sa recherche, allant demander son enfant à la porte de ses rares voisins et faisant retentir le bois de ses cris ; mais la distance était trop grande et il était trop tard pour que l'enfant pût l'entendre ou y répondre. Elle ne quitta plus la place où elle était tombée : des jours, puis des mois se passèrent sans que l'on entendît parler de la petite disparue ; on crut d'abord qu'elle avait été emmenée par une troupe de Bohémiens comme on en voit souvent conrir le pays; mais hélas! on acquit, au bout de quelque temps, des preuves certaines que l'enfant n'était pas sortie du bois. Un jour, des bûcherons chargés d'opérer quelques coupes ou d'élaguer quelques arbres, s'étant avancés jusqu'à l'extrémité du fourré, trouvèrent sur la plate-forme où nous sommes quelques os blanchis qui ne pouvaient être que ceux de l'enfant, et les rapportèrent aux parents désespérés.

Madame B., ajouta, toutefois, que deux beaux enfants étaient venus remplacer la pauvre petite égarée, mais il n'en reste pas moins dans le cœur de la mère une blessure douloureuse que le temps ne cicatrisera jamais complétement, ainsi que j'en pus juger par moi-même quelques jours après.

En effet, notre chère hôtesse voulant nous procurer le plaisir de quelques points de vue que l'on aperçoit de l'avenue même de la propriété dont nous avions parcouru auparavant la partie la plus pittoresque, nous conduisit dans son phaéton attelé de son mignon poney, jusqu'à la grille même de l'avenue qui nous fut ouverte par une jeune femme au visage doux et triste. Madame B... me toucha légèrement le bras, en me disant à voix basse : " je crois que c'est la mère de l'enfant" ; et se tournant vers elle, elle lui dit avec beaucoup de douceur : " N'est-ce pas vous qui avez perdu votre petite fille d'une manière si triste "? Les yeux de la jeune femme se remplirent de larmes. " Oui milady, répondit-elle, c'est bien moi, il y a tout à l'heure trois ans de cela, elle en aurait maintenant cinq ". " Vous en avez, je crois, deux autres qui sont bien gentils ! Comme le petit garçon que je vois là est fort et bien portant" ! — " Oh oui, madame, ils se portent bien tous les deux, grâce à Dieu, mais ils ne seront jamais aussi jolis qu'était leur petite sœur ". — " Cette jeune fille est une étrangère, reprit notre conductrice, et je l'ai menée, l'autre jour, voir le vallon et le torrent ; nous avons vu l'endroit où votre pauvre petite a été retrouvée, mais je ne puis comprendre comment elle a pu atteindre cet endroit qui est presque inaccessible".—"Oh! Madame, elle n'aurait pu y aller seule, on a dû la conduire ou la porter là, un enfant de son âge n'aurait pas pu pénétrer seule dans cet endroit où ne vont jamais que les bûcherons ou les personnes qui connaissent à fond le bois. Vous savez que je suis étrangère dans ce pays, c'est pour cela que l'on m'a fait cette méchanceté".—"Oh! ce serait une horrible chose, impossible à croire". —La jeune femme hocha la tête sans plus répondre, et le poney, qui piaffait d'impatience partit

[1] LA DAME DU LAC.— Lady Of-the-lake est le nom de notre coursier volontaire autant qu'un enfant gâté. Je désirai connaître l'origine de cette qualification peu commune; voici ce que j'en appris : La gracieuse petite bête, aussi petite que sa crinière est longue, est un enfant des lacs de Killarney, ayant vécu pendant quelque temps à l'état sauvage, suivant sa mère d'île en ile, traversant comme elle les lacs à la nage, bondissant, de même que le chevreuil rouge de la montagne, de rocher en rocher pour trouver quelque brin d'herbe ou quelque feuille à sa convenance. Surprise enfin un jour par le guide Spillane, avantageusement connu de tous les touristes des trois royaumes, elle fut vendue par celui-ci à une jeune

au trot en même temps que nous faisions un signe d'adieu à la pauvre mère.

fille qui désirait monter à cheval, et qu'elle jeta par terre plus d'une fois. Elle fut pour son plus grand bonheur achetée par notre châtelaine, pendant une de ses fréquentes visites aux lacs. On ne doit donc pas s'étonner s'il lui arrive, en véritable enfant des montagnes, de faire sa volonté un peu plus souvent que celle de sa maîtresse.

L'IRLANDE EST-ELLE UN JARDIN OU UN DÉSERT ?

Pendant longtemps je me demandais en vivant de la vie des châteaux et des vallées, sur le bord des ruisseaux ou des cascades : Est-ce là toute l'Irlande? Il n'y a donc rien de l'autre côté de ces grands parcs que l'on admire tout en sentant qu'ils assombrissent votre esprit, et vous apportent la tristesse et le découragement. J'aspirais à l'espace qui doit s'ouvrir derrière ces collines éternellement boisées ; mais lorsque j'eus franchi ces limites contre lesquelles je murmurais, j'aperçus des landes incultes à perte de vue, et quand j'eus parcouru des terrains rocailleux et sauvages où la culture semble impossible, où croissent à peine quelques sapins, et d'autres d'où l'on ne tire guère que de la tourbe, je compris que la riche et pauvre Erin se décompose en deux pays, le pays qui est comme un jardin éternel, un bien beau jardin sans doute, mais triste; et l'autre, le pays pauvre et désert, un peu l'image de la désolation. Que mes bons amis d'Irlande me pardonnent cette appréciation un peu franche, qui d'ailleurs ne peut s'étendre au-delà de ce que j'ai vu; qu'ils me pardonnent à moi enfant de la plaine, et accoutumée aux grands et vastes horizons, aux cultures saines et vigoureuses, aux travaux utiles qui, comme l'a prescrit le Créateur, doivent féconder la terre des sueurs de l'homme.

CHATEAU ET GROTTES DE MITCHELSTOWN.

25 septembre.

Lorsque j'esquissais le tableau, peu flatté, des campagnes de l'Irlande et de ses habitants, je craignais d'avoir été un peu hardie dans mes appréciations d'enfant terrible ; mais depuis que j'ai vu les débris de maisons, les toits effondrés, les portes béantes et vermoulues, des pans de murailles s'étayant les uns sur les autres, tout cet amas de ruines enfin qui composent, au moins pour une grande partie, le village de Mitchelstown [1] et ferait supposer une invasion récente du pays, il me semble que je suis restée bien au-dessous de la vérité, et pourtant, si on en juge

[1] Ce qui est dit à propos de Mitchelstown peut s'appliquer malheureusement à beaucoup d'autres. Quant à ce dernier village, qui paraît dépasser la mesure du laisser-aller, il est cependant situé au pied des monts Galtées, les plus fertiles montagnes de l'intérieur, où un travail intelligent a étendu la culture sur les points les plus abrités d'abord, et ensuite sur

par sa population, ce village serait assez considérable pour avoir deux églises, l'une protestante et l'autre catholique ; il possède même un asile *destiné à recevoir les bourgeois ruinés*. Il est vrai que la fondation de cet établissement de bienfaisance est due à la philanthropie de l'ancien maître du château, lord Kingston. J'étais honteuse pour les gens de ce triste pays, qui nous regardaient passer avec une curieuse nonchalance, de leurs portes qui tombent en poussière ou à travers leurs fenêtres sans carreaux.

Nous avions besoin de récréer notre esprit par un spectacle plus attrayant ; nous prenons donc le chemin du château, où, après avoir franchi la grille, la voiture roule sur le gravier uni d'une avenue ombragée par de grands arbres. Je me penche à la portière, et le château se présente à

les pentes les plus abruptes et jusque sur les crêtes des montagnes, exemple qui n'a pas été suivi par ceux de Mitchelstown, qui paraissent n'avoir fait aucune tentative ou obtenu aucun résultat dans la plaine immense qui l'entoure à perte de vue et qui ne peut être comparée qu'à un vaste désert.

mes yeux : c'est une belle et riche construction, en pierre de taille, du genre moderne, et flanquée de plusieurs tours carrées et crénelées ; la plus considérable porte le nom de « Tower-of-the white knight » (La tour du chevalier blanc)[1]. La voiture s'étant arrêtée devant une porte en chêne massif, cette porte, en s'ouvrant devant nous, laissa voir un escalier princier conduisant à un large vestibule. On nous introduisit dans un grand et beau salon, à hautes fenêtres, où nous fûmes reçus avec grâce et affabilité par la noble comtesse. Après le lunch auquel les hôtes du château vinrent se joindre, nous avons visité en détail les serres et les jardins qui sont établis

[1] Ayant demandé l'origine de cette singulière appellation, on m'apprit qu'un des ancêtres de la famille du lord, créé chevalier par son suzerain et connu sous le nom de chevalier Blanc (sans doute à cause de la couleur de ses armes), ayant donné à sa fille unique, mariée à un seigneur du nom de King, le domaine et les dépendances de Mitchelstown, le fils ou l'un des descendants (appelés depuis comte de Kingstown), en construisant sur le domaine le château actuel, voulut, en mémoire de son ancêtre, conserver le nom sous lequel il s'était particulièrement rendu célèbre, à une partie de son édifice.

sur une grande échelle. Dans l'une des serres, la plus grande et la mieux soignée, je remarquai un bignonia, à fleurs oranges, tout pareil à celui planté, par mon père, il y a quelques années dans son jardin, et qui tous les étés étend ses grappes abondantes sur nos murs et jusque chez le voisin. Ces fleurs se renouvellent rapidement et jonchent les allées. — C'était le régal de mes tortues, quand elles vivaient, les pauvres bêtes. — Il y a déjà longtemps de cela.

On parla beaucoup de fleurs : de quelle autre chose parlerait-on dans une serre. " Il fallait se donner des peines inouïes pour les cultiver avec succès et les faire prospérer en Irlande." Sur une question qui, sans doute, me fut faite, comme venant d'un pays renommé par ses brillants produits : « Ici, Mesdames, répondis-je, vous vivez pour les fleurs; en France, elles vivent pour nous. » Je ne dirai rien des vergers que nous avons visités avec intérêt, des beaux et grands arbres du vaste parc qui se marient avec les hautes tours à créneaux dont on aperçoit de bien loin la masse imposante. Nos moments étaient comptés, nous fîmes nos adieux et prîmes la route de B....., propriété particulière et autrefois résidence de la famille de notre hôte; mais je n'en dirai rien. Je me garderai bien de faire remarquer la tenue générale de cette résidence que l'on croirait habitée, je laisserai à d'autres le soin d'énumérer les gracieuses plantations du parterre et des grands arbres qui ombragent et dérobent à la vue les allées sinueuses qui sillonnent le parc, et les roses, mariées au myrthe, qui tapissent le porche de la maison, style Tudor, car le propriétaire est présent et n'aime pas plus les compliments que les autres membres de sa famille. Cependant je ne quitterai pas ce lieu sans parler d'une colonie de lapins qui profitent très-certainement de l'absence prolongée du maître pour prendre leurs ébats et se permettre plus d'une escapade dans la prairie et un peu partout.

C'était réjouissant de les voir, au moindre bruit des roues dans les allées, bondir par dizaines à travers les haies, le long des sentiers et disparaître pour un temps dans les fourrés. — Honneur donc aux gardiens de la propriété qui savent si bien la protéger contre les atteintes de ses hôtes audacieux et entreprenants. Et adieu.

Je reviens à Mitchelstown, connu de toute l'Irlande et d'une grande partie de l'Angleterre, non-seulement à cause de son château, mais et principalement par les fameuses carrières ou grottes qui en portent le nom et sont une dépendance du domaine.

Deux petites collines arrondies et composées de la pierre grise de la vallée, indiquent le site des anciennes cavernes et de celle nouvellement découverte qui est de beaucoup la plus intéressante. L'entrée se trouve à mi-côte; la grotte a 200 pieds de longueur, 170 de largeur, et se divise en huit compartiments différents, tant pour la forme que pour la disposition des stalactites;

elles communiquent toutes entre elles par des passages étroits et tortueux. Il faut désespérer de décrire l'intérieur de ces grottes, les formes élégantes et fantastiques des stalactites qui semblent se réunir pour former des arches ou des piliers étincelants, ou jeter sur les rudes parois des cavernes comme les plis gracieux d'un large drapeau parsemé de diamants. Deux heures au moins sont nécessaires pour visiter dans tous leurs détails les magnificences de cette architecture souterraine.

Si l'on interroge, sur l'origine de ces grottes, les faits dans leur vérité nue, ils se bornent à bien peu de chose.

Un pauvre homme, nommé Gorman, qui était laboureur sur la terre de lord Kingston, entre Cahir et Mitchelstown, remarqua, un jour, en cassant des blocs de pierre, que les cailloux qu'il en détachait disparaissaient dans une cavité souterraine; il essaya d'y pénétrer et découvrit le premier ces magnifiques grottes les plus belles encore connues. — Voici pour l'histoire. Maintenant je ne résiste pas au plaisir de faire connaître à mes lecteurs, sur le même sujet, la légende originale que l'auteur, M. Kennedy, éditeur à Dublin, a rendue populaire en Irlande et qu'il a bien voulu m'adresser avec son recueil.

LÉGENDE DES MOUTONS.

Gorman était un paresseux philosophe. Un jour qu'il faisait semblant de bécher son champ de pommes de terre, il entendit à quelques pas de lui le bêlement d'un mouton ; cependant il n'y avait auprès de lui ni herbe, ni mouton dans le champ. En examinant soigneusement la terre autour de lui, il trouva une ouverture où il descendit et où il aperçut une pauvre brebis qui s'était cassé la jambe ; il l'enveloppa avec soin et l'emporta à sa hutte, se proposant d'en faire un rôti, mais la pauvre bête le regardait si piteusement qu'il n'eut pas le courage de la tuer. Sa femme lava avec soin la jambe cassée et l'entoura d'un bandage, puis elle lui donna à manger, et le pauvre animal put se remettre sur ses pieds. Quelque temps après la brebis eut deux agneaux, et leur laine ressemblait à de la soie, tant elle était fine et belle, si belle que leur toison rapportait quatre fois autant que la laine ordinaire, ce qui fit que leur paresseux maître devint bientôt un fermier aisé. La vénérable grand'-mère d'un troupeau déjà nombreux, étant devenue vieille et inutile, Gorman résolut de la tuer pour le jour de la Saint-Martin. C'est en vain que sa femme essaya de l'en dissuader, il persista dans son ingrate résolution. — Le jour de la Saint-Martin venu, un jeune pâtre accourut avant l'aube près du lit de Gorman : « Levez-vous, maître, dit-il, levez-vous vite, tous les moutons sont partis, et je ne peux en trouver un seul. » Gorman se leva, s'habilla à la hâte et sortit sans murmurer une prière, ni même se donner le temps de *se signer*.

Après une longue chasse, il trouva enfin le troupeau et le dirigea vers la maison; mais comme les moutons passaient près de l'ouverture par où il avait retiré le premier, ils y disparurent tous les uns après les autres, sans qu'il pût en arrêter un seul. Il aurait tout aussi bien pu saisir la neige de l'année passée qu'une seule de leurs toisons.

Il descendit cependant par le même chemin, après eux, mais il trouva place nette. Ses voisins étant venus à son aide avec des torches et des résines allumées, ils découvrirent de magnifiques grottes avec leurs colonnes de diamants et leurs belles stalactites, mais les moutons ne se retrouvèrent jamais. Ces stalactites, ces belles grottes sont celles de Mitchelstown (1).

(1) Extrait et traduit littéralement de la collection de " Fireside " et légendes locales de Kennedy.

LES TRAPPISTES DU MONT-MEILLERAY

Sur les flancs de la montagne de Knockmeildown, à quelques milles de Cappoquin, dont j'ai parlé plus haut, s'élève un monastère bâti, il y a quelques années, par une colonie de trappistes, partie de la maison-mère de Mont-Meilleraye, en Normandie. Quoique situé au milieu d'un terrain inculte et marécageux, cet établissement prospère et les Pères, avec un travail persévérant, sont parvenus à rendre productives ces landes sauvages, salutaire exemple bon à donner et meilleur à suivre dans ce pays qui aurait tant besoin d'encouragement. Nous avons pu admirer dans l'établissement la bonne tenue des écoles qui sont particulièrement leur œuvre. Les classes sont divisées suivant les âges ; chacune a devant elle un jardin bien soigné, toutes sont claires, propres et bien aérées. Les Pères instruisent parfaitement la jeunesse des environs dans toutes les branches de l'éducation, même celle de la musique. Il fut adressé devant nous des questions assez difficiles aux enfants, qui y répondirent avec autant de précision que de promptitude; ensuite un des élèves les plus grands chanta un morceau en s'accompagnant avec le piano, un autre récita des vers. Les bons Pères, dont plusieurs parlent français, nous reçurent d'une façon très-aimable, accueil que nous ne devions pas moins à leurs habitudes bienveillantes et hospitalières, qu'au digne gentleman qui avait bien voulu nous servir d'introducteur, sir J. K., de Cappoquin, lequel joint à la plus cordiale urbanité une qualité non moins précieuse pour les bons Pères qui ont renoncé aux distinctions et aux pompes humaines, celle de propriétaire généreux de cette partie de la montagne où ils sont établis.

Ainsi que je viens de le dire, ma bonne tante et moi étions venues visiter le monastère sous les auspices de sir S. J. que, dans notre ardeur de touristes, nous avions réveillé un peu matin et qui s'en vengea en nous comblant des plus gracieuses politesses, trop bien secondé par sa charmante famille, lady K., qui se montra une vraie sœur de charité pour ma chère compagne, qui avait moins compté sur ses forces que sur son courage pour me conduire, et ses trois aimables filles, dont la plus jeune, enfant de mon âge, était à moitié française, ayant été élevée à Neuilly et parlant parfaitement notre langue: jugez de mon agréable surprise.

Ce fut donc après un très-confortable déjeûner que nous nous mîmes en campagne. — Nous n'avions pas seulement à visiter le monastère, mais d'abord Cappoquin que j'ai appelé une ville dans notre excursion de Youghal, mais qui est simplement un village assez gai et mieux tenu que la plupart de ceux dont j'ai eu occasion de parler. — Il faut reconnaître que sa situation prévient déjà en sa faveur. En effet, ses maisons sont bâties au pied de la colline boisée qui sert de base au manoir de Cappoquin-House et s'étend jusqu'à la rivière.

Ce village d'ailleurs est animé par une scierie mécanique établie par sir S. J., et dirigée par son fils, et qui emploie beaucoup de bras. Les dames de Cappoquin-House ont appris en outre une autre industrie rentrant plus dans les aptitudes des femmes, celles du village sont parvenues, avec leurs conseils, à faire de la dentelle dont les produits exposés à Londres ont soutenu une concurrence honorable avec ceux des meilleures fabriques de l'Angleterre et obtenu plusieurs prix : nouvelle preuve de ce que peut une bonne direction secondée par le bon vouloir et le travail.

Après une journée bien employée, nous prîmes congé de nos aimables hôtes pour revenir au bercail.

Avant de quitter ces parages intéressants que je visite pour la dernière fois, j'ai besoin d'évoquer l'image et le souvenir d'une vénérable parente, lady M., qui nous reçut avec une affabilité charmante dans sa riante villa située un peu au-delà de Cappoquin, au-dessus de la rivière dont le regard embrasse toutes les sinuosités et dont les aspects pourraient donner à rêver à un poète ou à un peintre.

En contemplant le doux visage et les nobles manières de cette aimable douairière, il me semblait voir marcher un de ces beaux portraits des grandes familles d'autrefois.

Si elle lit jamais ce livre, je veux qu'elle sache le tendre respect qu'elle m'a inspiré et que le temps n'effacera jamais.

ESPÉRANCE, CONFIANCE

C'EST LE REFRAIN DU PÈLERIN

(Chanson populaire.)

26 septembre.

Quand les jours de l'équinoxe sont passés, ces jours pendant lesquels Dieu semble avoir permis à la tempête de soulever les flots et de troubler la terre, que de fois j'ai vu en France les doux regards du soleil éclairer et ranimer la campagne, sécher les prairies et dorer les raisins de nos treilles; chez nous, c'est le temps des longues promenades, c'est le temps où se réalisent les voyages projetés pendant les tristes jours de l'hiver ou les trop ardentes chaleurs de l'été; mais dans ce pays où la plupart des jours semblent des jours d'équinoxe, en ce moment, la pluie fouette les vitres avec violence, le vent mugit dans les cheminées, et moi, assise au coin de l'âtre, je regarde avec consternation les feuilles qui tourbillonnent, les arbres qui plient, les branches qui craquent, l'herbe qui frisonne et les fleurs noyées d'eau, brisées par le vent : triste, bien triste spectacle et non moins sombre présage, car demain nous partons, nous devons partir pour Killarney... oui, Killarney, le pays des montagnes, des lacs, des forêts, des daims sauvages, des faucons et des aigles à l'œil perçant.... En dépit de la tempête, nous partirons, notre amie l'a ainsi décidé, je ne retournerai pas en France avant d'avoir vu Killarney. Espérance donc et confiance: ainsi je pensais, ainsi je disais ; et pour me donner du courage, j'allais de temps à autre joindre quelque objet oublié à mon modeste bagage, puis je revenais me coller le visage contre la vitre, pour voir tomber, avec une régularité continue et menaçante, comme aux temps de la colère de Dieu, cette navrante pluie qui dans la pauvre Irlande fait obstacle à tout, gâte tout et finirait par éteindre même la gaîté du cœur d'une Française.... s'il n'y restait comme au fond de la boîte de Pandore... l'espérance.

Ainsi se passa la journée dans cette alternative de confiance, de murmures et de découragement, sans apporter aucun changement à l'état du ciel. Je me couchai en me recommandant à Dieu, ainsi que mon voyage, au milieu d'une tornado épouvantable, à la lueur des bougies dont la flamme dansait et au bruit des fenêtres qui grinçaient....

Il paraît que la tourmente ne m'empêcha pas de dormir, car, le lendemain matin, je fus tirée d'un sommeil profond par la femme de chambre qui allait et venait une bougie à la main : il était cinq heures, mais il n'y avait pas besoin de lumière pour s'apercevoir que la tempête, au lieu de diminuer, s'était accrue en violence pendant la nuit.

On se lève tristement, on s'habille à la hâte, on déjeûne sans appétit et d'une façon plus ou moins lugubre ; on monte en voiture, on part, enfin...

Dans le courant de la journée, le ciel s'étant un peu éclairci, je commençais à m'apercevoir que nous approchions des premières assises de Killarney, cette merveille tant vantée des trois royaumes. Là, comme dans le parcours traversé, l'aspect, au premier abord, en est triste, inculte, aride, on y voit peu d'habitants, mais toujours des bruyères et des vastes champs de tourbe coupés en carrés et empilés les uns sur les autres. Cependant le soleil luit un instant, et, à travers le brouillard qui entoure leurs sommets, je puis voir une rangée de hautes montagnes grises et brunes à l'aspect sévère et grandiose : plusieurs filets d'eau coulent et scintillent sur leurs flancs sombres, comme des filets d'argent. Du côté de Killarney, ces masses deviennent de plus en plus compactes, et la brume qui s'étend et s'élève vers leurs cimes, semble se confondre avec le ciel et ajoute à leur fantastique grandeur.

KILLARNEY.

Nous voilà donc dans le comté de Kerry ! si renommé. Je me demandais si nous verrions bientôt des habitants, lorsqu'une troupe de petits enfants en guenille, courant pieds nus sur le sol humide, poursuivent le train de leurs clameurs importunes, afin d'obtenir quelque menue monnaie des touristes compatissants. Maintenant nous longeons un cours d'eau rapide et torrentieux, c'est la rivière Flesk, qui va se jeter plus loin dans le Lac Inférieur. Sur le coteau qui la domine, s'élève le château de Glenflesk entouré de son parc et de ses pelouses vertes. Les montagnes s'élargissent éclairées de nouveau par un autre rayon de soleil bien venu. Enfin la locomotive ralentit sa course, puis le train s'arrête, et nous descendons sur la plate-forme de la station de Killarney. — Les abords de cette station ressemblent plus à ceux d'une ville d'eau à la mode qu'à une ville cachée au cœur des montagnes.

Deux principaux hôtels se disputent les voyageurs qui ne dédaignent point le confort, savoir le magnifique *Railway*, hôtel situé en face de la gare et entouré de jolis jardins, et l'hôtel Cloghreen ou Mucross, qui porte le nom d'un riche domaine dont je dirai quelques mots plus tard.

Nous passons devant le premier sans nous y arrêter, et notre voiture nous conduit rapidement au second, longeant sur notre chemin de fortes grilles en fer et de grands arbres indiquant des propriétés particulières d'une certaine importance, et situées sur les bords du *Lac Inférieur* dont on voit miroiter les eaux bleues à travers la verdure. Je me dresse à chaque instant sur la pointe des pieds, pour tâcher de *voir*, mais ma curiosité est désappointée par de grands murs d'enclos qui se dressent entre moi et le lac. Nous arrivons enfin à l'hôtel que nous avons choisi, qui a pour nous le principal mérite de fournir aux touristes toutes les facilités pour explorer, à leur aise, les splendeurs de Killarney, n'étant séparé du Lac Inférieur que par la propriété de Mucross. Ce magnifique et beau domaine appartient à M. Herbert et renferme la vieille et fameuse abbaye du même nom. C'est à l'extrémité d'une grande avenue de marronniers que se trouvent les ruines du monastère encore entouré de son cimetière [1].

En pénétrant dans l'intérieur de l'abbaye, on retrouve comme dans celle d'Youghal, devenue aujourd'hui l'église, et dont la fondation remonte au milieu du XVe siècle, attribuée également à un prince ou comte Desmond, les mêmes restes d'architecture gothique, ainsi que des tombeaux des

[1] D'après les anciens manuscrits que renferme la bibliothèque de l'université de Dublin, l'église d'Yrrelagh (Mucross) fut brûlée en 1192, sans doute durant les guerres que se faisaient entre eux les différents clans qui dominaient le pays. — Sur ces ruines fut érigé, en 1440, un autre monastère de franciscains par un chef Mc Carthy, prince de Desmond, et dédié à la sainte Trinité ; ce sont les ruines de ce dernier monastère qui sont visitées par les touristes.

anciens princes ou chefs de clans du pays, notamment ceux des M' Carthys, des O'Donoghue, avec des inscriptions curieuses en vieil idiome irlandais, gravées sur les tombes, ainsi que des armoiries couronnées et grossièrement sculptées.

Nous n'avons eu garde d'oublier de visiter les cloîtres qui forment la partie la plus intacte et la plus intéressante de l'abbaye. Ces cloîtres consistent en une assez longue suite d'arches gothiques, dont les piliers et les moulures sont en marbre gris. Ces allées sombres et voûtées, où ont dû circuler les bons religieux pendant des siècles, ont conservé un aspect imposant et presque solennel, et je suppose, d'après ce que j'ai vu et ce que l'on m'a raconté de la crédulité proverbiale des superstitieux Irlandais, que pas un homme du peuple n'oserait s'y aventurer le soir, de crainte de voir errer le long de ces murs noircis par le temps et l'humidité, les esprits des moines revenant visiter leur ancienne demeure.

Au milieu de la cour de l'abbaye s'élève majestueusement un vénérable if qui étend ses longues branches d'une manière fantastique au-dessus des murs en ruines. On le dit contemporain de l'abbaye. Il est tenu en grande vénération par les gens des campagnes à cause de cela, sans doute, et en raison surtout d'une légende qui attribue à ses feuilles une vertu, ou, pour mieux dire, une propriété surnaturelle, suivant ce que m'a dit le gardien, savoir : que l'on ne peut en arracher une feuille sans risquer de voir couler son sang : je me gardai donc bien d'y toucher, quoique j'eusse fort désiré d'en emporter un rameau.

Mais revenons au Lac Inférieur : à travers les arceaux de l'abbaye, je l'avais entrevu, ce lac aux eaux bleues, parsemé d'îles verdoyantes, entouré de montagnes, les unes boisées, les autres nues et arides, dont les sommets se perdaient dans un nuage de brume; mais nous en approchons et commençons à saisir le bruit vague et confus de ses flots, qui se confond avec la brise qui se glisse dans les arbres, lorsque s'ouvre brusquement le rideau de lauriers, d'ifs et d'arbres verts qui nous en séparait jusque-là, et le lac s'offre à nos regards ravis.

L'eau bleue se ridait au souffle du vent, et formait de petites lames écumeuses qui venaient se briser sur la grève avec un gémissement mystérieux qui me rappelait la mer. Au loin, quelques petites barques glissaient légèrement autour des îlots derrière lesquels elles paraissaient et disparaissaient tour à tour. Puis enfin les montagnes, entre autres celle de Torc, couverte du haut en bas d'ifs, de sapins, d'arbousiers, de houx et de chênes verts. Quelle luxuriante verdure, si elle avait été éclairée par un rayon de soleil ! et cependant j'ai pensé depuis que cette brume nuageuse et indécise contre laquelle j'avais murmuré, laissait mieux ressortir la grandeur de ces sites pittoresques, qu'un ciel indigo et un soleil éclatant.

Mais le temps nous pressait, nous voulions voir

dans toute sa beauté la cascade de Torc que nous savions augmentée par les pluies récentes : pour cela il fallait revenir sur ses pas, prendre un " Jaunting car " [1], traverser tout le domaine de Mucross, voir le lac du milieu et revenir par la cascade. Je renonce à décrire les splendeurs de végétation de ce vaste et beau domaine, il faudrait multiplier à chaque pas les exclamations et les points d'admiration. Puis notre attention était sans cesse détournée par un autre spectacle dont nous surprenions quelques scènes à toutes les éclaircies ménagées dans les épais massifs : d'abord le lac et ses rives agitées, Mucross qui se prolonge sur ses bords, comme une péninsule reliée à la terre par un pont antique; au-dessus, dominant cet ensemble, un dôme de verdure, se dressant au milieu d'une végétation qui n'a pas besoin de la main des hommes, un parc naturel qui s'étend sous des bois toujours épais et tou-

1 Voiture de fabrique irlandaise aussi incommode que peu confortablement conditionnée.

jours verts, un jardin de plantes et d'arbustes, que l'on dirait remonter au jour de la création, semé par les oiseaux, arrosé par les torrents, enfin... la montagne de Torc.....

Notre conducteur ne cessait de dire d'un ton monotone et nazillard : « Ladies, voici le Lac Inférieur appelé Lough-Leane, » voici celui du milieu surnommé le lac de Mucross, parce qu'il est entouré par le domaine ; voici le pont de Buikeen-Bridge qui joint le domaine à l'île de Dinis ; voici..... mais nous étions trop occupés de ce que nous voyons pour écouter : nous passions le pont sous lequel les eaux du lac de Muscross et celles du Lac Inférieur se mêlaient en écumant sur des roches, et nous nous arrêtions au cottage de l'île de Dinis, devant lequel nous mîmes pied à terre. Ce cottage bâti dans le genre d'un chalet suisse, coquettement caché comme un nid sous de grands arbres, qui projettent leur ombre sur son balcon en bois, est le rendez-vous favori des touristes et amateurs de lunchs et de promenades. On peut y arriver soit en voiture, soit en bateau : bon nombre de promeneurs nous y avaient précédés et étaient dispersés à travers les sentiers où les manteaux rouges des dames ressortaient d'une manière tranchante sur la sombre verdure : une barque avec deux rameurs attendait près de la jetée ; un monsieur et une jeune dame y entrèrent, et la fragile embarcation s'éloigna du rivage. Nous la suivîmes longtemps du regard, tandis qu'elle luttait contre les lames et se balançait sur leurs cimes écumeuses ; nous ne fûmes pas tentés de les imiter en raison de la contrariété des vents, et, suivant notre directrice, nous prîmes un sentier moussu et rocailleux qui nous conduisit bientôt au bord d'un petit golfe étroit formé par les eaux du lac ; de l'autre côté on découvrait une petite langue de terre où se développait cette splendide végétation particulière à Killarney, qui semble croître et se nourrir dans les fissures même des rochers, arbousiers, ifs et houx gigantesques ; comme plantes, des fougères, les plus belles que j'aie vues et qu'on nomme fougères royales " King fern ", qui étalent leurs feuilles découpées comme de la dentelle sur les bords de l'eau où elles semblent se mirer. A côté, de longues herbes fines comme des chevelures. Je ne savais qu'admirer le plus, de l'ensemble ou des détails, les eaux transparentes comme celles d'une fontaine ou les branches entrelacées sur nos têtes comme des guirlandes ou des rochers veinés de marbre de différentes couleurs, sur lesquels la mousse verte avait jeté comme un manteau de velours.

Enfin nous tournons un petit promontoire formé par un long chenal profond et resserré entre deux péninsules étroites, dont la richesse plantureuse dépasse encore, si c'est possible, ce que nous avons vu jusque-là, et donne à la perspective un caractère encore plus agreste. On ne peut en effet rien imaginer de plus romantique, de plus calme que cet endroit paisible, que cette verte solitude troublée seulement par le battement passager des ailes d'un oiseau ou par un écho lointain.

« Voilà, nous dit notre amie, le point de vue » tant admiré par sir Walter Scott, son endroit » favori dans tout Killarney : vous voyez ce vieux » pont, à l'extrémité du canal, sous l'arche du- » quel l'eau bouillonne et écume, c'est là, à cet » endroit même que les eaux du Lac Supérieur » se jettent dans celles du Lough-Leane et du » Mucross. On appelle cet endroit charmant " The » Meeting of the waters" (La réunion des eaux). » Il est fort dangereux d'y passer en bateau à » cause de la violence des eaux réunies qui pour- » raient bien jeter la barque sur les rochers là » où ils encombrent la passe. Nous le tenterons » néanmoins pour ne rien perdre de ce tableau » intéressant. »

Pendant la tenue de ce conseil, auquel assistait, sans y prendre part, en chienne bien apprise, la petite Philis, je ne pouvais m'empêcher de sourire en la voyant trotter menu, sur les pas de sa maîtresse, suivant son chemin sans hésiter, sans s'attarder, ou écouter les exclamations ou compliments à son adresse, des passants, comme une personne ayant l'expérience de ces choses et n'étant pas à son premier voyage dans le pays des lacs.

Nous reprîmes le même sentier qui nous ramena au cottage, où nous attendait notre voiture qui devait nous conduire jusqu'à la porte qui ferme le sentier de la cascade, où nous n'arrivâmes point sans avoir été en butte aux attaques de divers oiseaux de proie sous la forme de jeunes paysannes aux pieds nus qui nous attendaient à chaque détour du sentier, prêtes à fondre sur nous, les unes pour nous vendre des porte-aiguilles, des couteaux à papier et mille autres brimborions en bois d'arbousier sculpté, et les autres pour nous faire prendre un prétendu nectar qu'elle portaient dans des cruches blanches en bois de sapin, et qui était composé, disaient-elles, du lait le plus pur et de la véritable rosée des montagnes[1] (de contrebande). Pour nous tirer de leurs mains, nous consentîmes à goûter, du bout des lèvres, cet horrible breuvage qui n'était autre chose que du mauvais lait de chèvre plus ou moins aigre, dans lequel on avait mêlé cette abominable liqueur trop connue du peuple sous le nom de Whiskey. Une fois hors de leurs atteintes, nous nous engageons dans le sentier qui longe un torrent, dont le lit, peu différent par sa largeur de ceux que j'avais à M... et ailleurs, ne m'inspirait qu'une demi-confiance, lorsqu'à un brusque détour du sentier, un spectacle inattendu m'arracha un cri de surprise et d'admiration : c'était une vaste nappe d'eau tombant en longs panaches de blanche écume, d'une hauteur de soixante pieds, avec un fracas formi-

[1] C'est ainsi que les paysans surnomment le Whiskey de contrebande, comme devant être meilleur que tout autre.

dable. Ah ! c'était là une grande et véritable cascade ; la chute commence dans le " Devil's punch bowl " (punch du diable), petit lac qui se trouve au haut de la montagne de " Mangerton ", et qui tire son nom d'une légende assez bizarre.

LE BOL DU DIABLE.

On prétend qu'un voyageur ou un bûcheron, je ne sais lequel, ayant fait l'ascension de la montagne, se trouva tellement altéré que dans un moment de découragement causé par l'extrême fatigue, il laissa échapper cette exclamation imprudente, " qu'il donnerait son âme pour un verre de punch ! " et le diable qui, vraisemblablement, n'était pas loin, parut tout à coup devant lui, proposa de lui procurer autant de punch qu'il en pourrait boire en échange de son âme. Le malheureux voyageur ayant eu la coupable faiblesse d'accepter, le diable mordit une grande bouchée dans la montagne, puis la jeta dans le lac : aussitôt le vide qu'il avait fait se remplit de punch, le voyageur se baissa pour en boire, mais il ne reparut jamais. Depuis ce temps, le petit lac a conservé le nom de Bol de Punch du Diable.

Voilà pour la fable. — Des savants, dans l'intérêt d'une version plus raisonnable, sinon plus vraie, ont cru voir dans le creux rempli d'eau, le cratère d'un volcan éteint ; d'autres savants ne croient pas cette interprétation bien fondée, les alentours du lac ne portant aucune trace de nature volcanique.

Les eaux du lac sont très-noires, et l'on attribue cette nuance foncée à l'ombre que projettent les rochers perpendiculaires qui l'environnent. Elles sont aussi extrêmement froides, cependant elles ne gèlent jamais. Elles s'échappent du bassin en un ruisseau qui porte encore un nom donné par la même autorité que celle qui a créé la légende " Devil's Stream " (ruisseau du Diable) ; ce ruisseau se grossit en chemin de plusieurs sources, traverse la montagne sous le nom de cascade de Torc, et forme cette chute magnifique qui a tant excité mon admiration, pour aller se jeter ensuite dans le lac du milieu.

L'intérêt naturel qu'inspirent ces lieux, est encore augmenté par le souvenir du célèbre homme d'Etat Charles-James Fox, qui, visitant les lacs en 1772, fit le tour du lac à la nage, exploit que les voyageurs auxquels on le raconte, admirent plutôt qu'ils ne sont tentés de l'imiter. Cet exploit peut-il être comparé à celui de lord Byron, traversant l'Hellespont. Je raconte, et ne suis pas compétente pour le décider.

Je ne pouvais me lasser de regarder cette grande scène de la nature, et restais en extase devant ces gerbes blanches comme la neige, tombant d'abord paresseusement de cette hauteur sombre et boisée, qui ensuite continuent leur course tumultueuse à travers un lit hérissé de quartiers de roc ; puis, faisant entendre cette grande voix des eaux bouillonnantes qui passent toujours et retentissent au milieu de la vallée silencieuse.

Rappelée à moi-même par la voix de mes compagnons, je les suivis, gravissant un sentier resserré conduisant à ces crêtes boisées de la montagne qui surplombe la cascade elle-même, quoique cependant ces cimes ne soient encore que la base de la vraie montagne, la vraie montagne de Torc. Après une ascension pénible, pendant laquelle il fallut nous accrocher aux broussailles, aux genêts qui croissent de chaque côté du chemin, nous arrivons à une espèce de petite plate-forme ombragée de sapins, où nous tombons d'épuisement comme le voyageur ou le bûcheron de la légende.

Dans le laborieux et intéressant parcours que nous venions de faire, j'avais cru voir passer devant mes yeux toutes les richesses d'une nature poétique et sauvage qui variaient et se multipliaient à chaque changement de perspective, je croyais être à l'apogée de l'admiration, ignorant encore que le Créateur n'a pas posé de limites au perfectionnement de son œuvre : c'est ce que je compris en voyant s'étendre devant nous le vaste panorama formé des lacs, des îles, des vallées et des montagnes qui semblent se rapprocher du ciel. De cette plate-forme surplombant la grande cascade, on domine le Lough-Leane ou Lac Inférieur, celui du milieu, s'épanouissant dans tous leurs contours, avec leurs bouquets d'îles boisées qui, à cette distance, ressemblent elles-mêmes à des bouquets de verdure, la presqu'île enfin de Mucross, réduite aux proportions d'une longue plate-bande qui sépare les deux lacs.

Au fond d'une petite baie, sur la rive du lac Mucross, la grande et belle habitation du maître du domaine apparaît comme un cottage entouré de sombre verdure, plus loin les murs grisâtres de l'abbaye; à gauche, on devine le Lac Supérieur masqué par des collines; enfin, formant une ceinture majestueuse aux eaux bleues du Lough-Leane, s'élèvent le Glena, la chaîne ondulée des Tomies, " the Purple Mountain " (la Montagne Pourpre); puis se perdant à l'horizon dans la brume, le roi de Killarney, élevant sa tête imposante plus haut que toutes les autres, le pic de " Carantuel, " sommet principal des " Reeks, " qui sont les cimes les plus élevées de l'Irlande. J'avais donc bien là sous les yeux Killarney dans toute sa grandeur, dans toute sa majesté.

Il était tard, le génie de la montagne laissait retomber le voile de vapeurs qu'il avait un instant soulevé, comme pour nous laisser entrevoir les beautés mystérieuses de son domaine. Il fallut donc songer au retour, la journée d'ailleurs avait été bien employée. Il en fut de même, je crois, de la nuit, car lorsque j'ouvris les yeux, le lendemain, le soleil radieux avait triomphé du brouillard et resplendissait dans un ciel sans nuage : aussi, quand la table du déjeûner nous eût tous réunis, on s'accueillit avec cette expression unanime de satisfaction : " quel temps magnifique nous aurons pour notre expédition du gap [1] de Dunloe ! "

Le gap est une passe ou vallée profonde située entre les " Reeks " et la Montagne Pourpre, et à six milles environ de Killarney. On s'y rend en voiture que l'on échange à l'entrée du Gap pour

1 *Gap* veut dire *passe*.

des poneys. On traverse ainsi la vallée ; puis à l'extrémité opposée, on retrouve le Lac Supérieur, où une barque vous attend, avec laquelle on visite les îles, on dîne à Glena, sur les bords d'une rive boisée qui porte ce nom, et où l'on trouve un cottage établi là à cette intention ; ensuite le retour s'effectue par le Lac Inférieur : cela prend une journée tout entière. A dix heures et demie, un char-à-bancs stationnait devant la porte, ainsi qu'un guide ou bugler qui devait faire retentir les échos avec le cor qu'il porte en bandoulière. Nous montâmes en voiture, le conducteur fit claquer son fouet, et nous partîmes au trot.

La ville de Killarney que nous dûmes traverser, ne me parut répondre ni à la coquetterie de la station, ni à son propre renom. Elle est assez triste, mal tenue et malpropre. Sa principale rue est en partie occupée par des magasins contenant des objets d'ébénisterie, produits de l'industrie particulière au pays, surtout aux montagnards qui employent les longues soirées d'hiver à sculpter le chêne du marais et l'arbousier des montagnes. Ces produits s'exportent fort bien ; on les retrouve jusqu'à Londres, ainsi que des bijoux en verre taillé, que l'on appelle pompeusement les diamants de la montagne, et que les gens du pays cherchent et trouvent dans certains terrains qui en recèlent les mines.

A gauche de la route que nous suivions, nous longions le Lac Inférieur, dont les flots azurés baignaient la base des montagnes que j'avais entrevues la veille, voilées par un brouillard épais, et qui se dessinaient nettement sur un ciel pur. Les plus rapprochées étaient les Tomies et font partie de la chaîne de la Montagne Pourpré (Purple Mountain) ; aussi ont-elles, quoique à un moindre degré, cette nuance violette que l'on attribue généralement à la grande quantité de bruyères de cette couleur, qui croissent jusqu'à son sommet. Venant de la ville, les montagnes de Torc et de Glena nous faisaient l'effet que devaient produire les jardins suspendus de Babylone, avec leur végétation touffue, tandis que, du côté opposé, se dressait le pic nu et pointu de " Carrantuel. " — " Le voyez-vous, " me disait le guide, en me le désignant, " c'est celui sur lequel passe un nuage. " En effet, un nuage blanc semblait le couper en deux ; enfin, tout à fait dans le lointain, une chaîne sombre et uniforme qui semblait inaccessible, formait cadre au tableau. Je demandai son nom ; le guide m'apprit que c'étaient les montagnes de la " Sombre Vallée " (" Cummeenduv ").

Cependant nous avançons rapidement, et les montagnes se dessinent plus clairement, à mesure que nous en approchons ; enfin nous faisons face aux Reeks, et on me montre, entre la montagne, une déchirure sombre et profonde : " voilà le Gap, " nous dit le guide.

Au moment où mon attention était tout entière dominée par la grandeur solennelle de ce spectacle et que j'écoutais la description qu'on me faisait par avance du défilé et de toutes les surprises qui m'attendaient, une nuée de petites filles, pieds nus, courant après la voiture, nous assaillaient à la fois de leurs instances et de leurs cris aigus, pour nous faire acheter des fleurs. A cette troupe importune étaient venus se joindre une autre procession d'industriels en guenilles, nous offrant de *véritables* diamants irlandais, ou des bijoux en bois sculpté.

Puisque j'ai été détournée un instant de mon sujet par cette plaie humaine, je ne finirai pas sans mentionner une réflexion fort juste, bien que tardive, que fit un de nos compagnons qui par pitié avait bien voulu acheter de ces prétendus diamants, et qui, assez peu satisfait de son acquisition : « mon brave homme », dit-il, « vous feriez bien mieux de piocher vos pommes de terre que de vous occuper de fouilles de diamants ! »

Le gap de Dunloe est un défilé étroit de quatre milles de longueur : d'un aspect imposant et sauvage, au milieu duquel coule la petite rivière ou le torrent de Loe, qui donne son nom à la vallée et qui en divers endroits forme de petits lacs qui ajoutent encore à la beauté de la passe; à droite se dresse le flanc escarpé du " Bull Mountain " (Montagne du Taureau), qui dérobe aux regards les Reeks, à gauche la Montagne Pourpre ; mille petites cataractes zébraient les flancs des montagnes comme des fils d'argent, et le guide me fait remarquer un sentier presque perpendiculaire qui mène au pic de " Carrantuel[1], " et qui en raison de son ascension difficile porte le nom d'Echelle du Diable. Arrivés à l'entrée du Gap, nous nous engageâmes dans le défilé, mais bientôt le guide fit un signe et nous nous arrêtâmes près d'un petit lac. Alors il nous invita à descendre et à écouter les échos : on s'assit sur de larges pierres grises, éparses, sur la pelouse, au bord du lac; le guide disparût et j'écoutai le cœur

[1] L'altitude du Carrantuel est de 3414 pieds au-dessus du niveau de la mer.

palpitant. Nous étions entourés de hautes montagnes; bien au-dessus des montagnes s'étendait le ciel bleu que reflétait le lac qui ondulait à nos pieds. — Mais le son du cor retentit ; aussitôt, les échos endormis se réveillent, et mille voix invisibles, formant un concert mystérieux, s'élèvent des flancs de granit de la montagne, et le doux chant de " Farewell to the Araby's daughter " (Adieu, ô fille d'Arabie) résonne, vibre, puis s'évanouit; puis la même note répétée avec pureté par une autre voix répond aux premiers sons : on se croit entouré de fées et de génies cachés sur la cime des montagnes, on est tenté de chercher dans les nuages blancs qui passent les êtres invisibles qui ont fait entendre ces chants divins, dont l'harmonie indéfinissable se prolonge d'échos en échos et va en s'affaiblissant jusqu'à ce que la dernière voix de la montagne ait répondu ; puis le silence rentre dans la solitude. Il est impossible, sans l'avoir entendue, de rendre la douceur de cette voix qui s'éloigne.

Mais à cette scène pleine de charme on fait succéder des bruits d'un autre genre, un coup de feu se fait entendre, et les montagnes en répercutent le son avec un roulement semblable à celui du tonnerre, comme si une artillerie formidable ébranlait ces gorges profondes. Nous n'écoutâmes pas avec le même intérêt ces détonations qui me rappelaient trop celles beaucoup moins inoffensives après lesquelles ne se sont point relevés tant de nos pauvres soldats dont plusieurs étaient de nos amis, ou appartenaient à des familles connues.

Nous nous éloignons les oreilles encore pleines du bruit des échos, pour aller trouver nos poneys qui nous avaient précédés et nous attendaient à la porte d'une cabane transformée en magasin de tables en marqueterie. Où l'industrie va-t-elle se loger !... Après avoir pris nos montures, nous nous enfonçons définitivement dans le gap ; à mesure que l'on pénètre en avant, l'aspect en devient de plus en plus désolé. D'un côté, c'est la

Montagne Pourpre dont la cime unie n'a d'autre végétation que des bruyères ; de l'autre, sont des masses sombres, des pierres entassées que surmonte le front de fer du Bull Mountain. Ça et là de petits lacs aux rives abruptes, de vieux ponts en ruines ajoutent encore au morne aspect de ces lieux sauvages.

Nous arrivons bientôt au bord d'un autre lac aux eaux noires et profondes comme les poëtes ont dépeint le Cocyte, où nous attendaient d'autres surprises. Au moment où nous faisions halte, un nouveau concert invisible, dont les accords mélodieux glissent autour de nous, paraît sortir du lac, et l'on se croit encore une fois transportés aux temps fabuleux où les syrènes, cachées dans les profondeurs des eaux, se jouaient des voyageurs crédules par les doux sons de leurs voix enchanteresses.

Je cherche autour de moi : personne ; personne sur la rive, personne sur les rochers. Le guide est là avec son cor en sautoir ; pourtant je ne rêve pas : on sourit de mon étonnement, du moins ceux qui savent que l'auteur de la surprise n'est ni une fée, ni une nymphe des eaux, mais tout simplement un vieux musicien aveugle caché dans le renfoncement du rocher dont il semble faire partie, et bientôt sa femme aussi vieille que lui vient solliciter une obole, ou, pour mieux dire, un penny, des touristes que les accords de son violon ont charmés. Le vieillard consentit, sur notre demande, à chanter, en s'accompagnant de son instrument, quelques vieux airs irlandais très-connus, ce qui produisit un effet fort original, car tous les rochers d'alentour répétèrent fidèlement, tour à tour ou quelquefois en même temps, ces chants dits en patois du pays. Il fallut reprendre notre marche, pendant laquelle deux jeunes paysannes firent quatre milles à pied de chaque côté de l'un de nos compagnons, dans l'espoir de lui vendre une paire de chaussettes en laine, persévérance que leur victime récompensa par bonté et un peu aussi pour se délivrer de leur poursuite en leur achetant leur marchandise.

De temps à autre, nous regardions en arrière, pour jeter un regard sur le défilé et admirer, sous un autre aspect, ses dimensions grandioses ainsi que l'accompagnement des montagnes dont les crêtes se dessinaient clairement sur l'azur.

Durant le trajet, notre guide, qui prenait un soin particulier de moi, parce qu'on lui avait raconté comme quoi j'étais venue de bien loin, bien loin, parce que la guerre était dans mon pays, ce qui faisait ouvrir de grands yeux au brave homme, me faisait remarquer, tout en tenant la bride de mon poney, tantôt de petites chèvres blanches broutant l'herbe courte et rare qui croît sur les rochers ; tantôt sur un des pics au-dessus de nos têtes un vautour immobile. D'ailleurs dans ce sentier sinueux que nous suivions, pas un buisson, pas un arbrisseau ne pousse sur ces rochers incultes, pas un cri, si ce n'est parfois celui de l'aigle ou du vautour, ne trouble cette solitude ; pas un poisson ne peuple les eaux profondes des lacs : seulement d'innombrables sources d'eau pure s'échappent des crevasses granitiques et vont se perdre au loin en babillant sur des cailloux le long de l'agreste vallée.

Nous approchions de la sortie du gap, et bientôt nous débouchions sur la route qui descend jusqu'à la rive du Lac Supérieur [1], alors se présente à nos regards une perspective aussi étendue que différente de celle qui avait attiré notre attention ; sur notre gauche, en descendant, ce lac se développait, avec ses rivages frais, ses eaux qui miroitent au milieu de son entourage d'îles boisées et de prairies verdoyantes, et formait avec la *sombre vallée*, que nous longions à

[1] Si on consulte une carte des lieux, on verra que ce lac, quoiqu'appelé supérieur, parce qu'il est le plus éloigné du point de départ, c'est-à-dire de Killarney, qui en est séparé du nord-ouest au sud-est par le lac Léan (dit Lac Inférieur, et Mucross ou Lac du Milieu), est au contraire celui qui est topographiquement dans la partie la plus basse du groupe et plus en pente du côté de la mer.

droite, le plus étrange contraste. — C'est ici une vaste plaine inculte et aride, flanquée de toutes parts de montagnes inaccessibles, dont les flancs rugueux sont sillonnés par de nombreux torrents qui vont se jeter dans les eaux noires et dormantes de " Loch an bric dearg " (lac des Truites Rouges) ; de ce côté, une riche végétation sourit au soleil, c'est l'oasis ; de l'autre, tout est sombre, nu et dépouillé, c'est le désert.

Puisque je parle de lieux désolés, je ne dois pas oublier les ruines d'un petit village qui nous ont été montrées en passant dans le voisinage de ces montagnes. Voici ce que l'on nous a raconté : pendant une nuit, ce village fut emporté par un torrent grossi par les neiges et qui descendait de la montagne. — Une jeune fille, dit-on, fut la seule qui entendît venir les eaux tumultueuses. Effrayée par ce grondement sourd et inusité, elle se hâta de donner l'éveil, mais il était malheureusement trop tard, et peu de personnes purent échapper à la mort, le torrent entraîna tout dans sa course : personnes, demeures et biens.

Comme la route, qui nous restait à parcourir jusqu'au lac, était belle et unie, je descendis de mon poney pour faire à pied le reste du chemin ; quelle fut ma joie en découvrant des bruyères roses, mais d'un rose tendre et délicat, comme je crois n'en avoir jamais vu ailleurs ; je me hâtai d'en cueillir ainsi que du " Bog-myrtle " (myrte de marais) qui croît en abondance sur les bords du lac, et auquel je trouvai un parfum doux et sauvage. J'espérais les placer comme souvenir dans mon album, mais je les oubliai étourdiment dans la nacelle où je les avais déposés.

Ce fut près du cottage de lord Brandon que nous trouvâmes notre barque qui nous attendait avec quatre rameurs, ainsi qu'un panier de provisions et une ample collection de châles et de manteaux imperméables, accessoire indispensable pour ceux qui tentent l'exploration des lacs.

Abandonnant nos poneys, nous prîmes place

dans la barque qui glissa légèrement sur les eaux endormies du lac. En même temps que nous faisions nos adieux aux montagnes de la Sombre Vallée, qui disparaissaient au loin, nous approchions de celles appelées "The long range" (la Longue Rangée), auxquelles on a donné ce nom, sans doute, parce qu'elles se prolongent tout le long de la rive gauche du lac. C'est là, parmi les bois, toujours verts, de cette chaîne que l'on voyait autrefois (aujourd'hui, s'il en existe encore, ils sont devenus très-rares) les fameux cerfs rouges [1] de Killarney, dont la chasse offre un grand intérêt aux touristes qui ont la bonne fortune d'arriver à l'époque où les grands propriétaires du voisinage des lacs et des montagnes se livrent à cet exercice.

[1] Une autre espèce de cerfs que ceux dont il est ici question, cerfs gigantesques, existait dans un âge reculé en Irlande, ainsi que l'ont démontré de grandes quantités d'ossements et andouillers à l'état de fossiles; le musée de Dublin en possède un magnifique spécimen trouvé dans le comté et près de Limenick; le squelette est parfaitement conservé ainsi que ses andouillers qui mesurent, de chaque côté, six pieds de longueur.

Nous côtoyions mille délicieux îlots où croît une végétation vigoureuse, lorsque la barque passant près de l'un d'eux dont la base était formée de roches lisses et unies, les avirons se ralentirent et le guide, indiquant de la main un large quartier de roche où nous pouvions difficilement distinguer une inscription à demi-effacée, nous apprit que cette inscription était l'œuvre de deux officiers français, qui avaient gravé sur ce rocher, avec la pointe de leur épée, le nom de Napoléon.

Et jamais il n'est entré dans l'esprit de personne, habitants ou visiteurs étrangers, d'effacer cette inscription ou d'insulter à ce nom illustre qui est pourtant aujourd'hui presque maudit dans le pays, qui avec ses malheurs lui doit aussi une grande partie de sa gloire.....

Mais la barque continue sa marche et nous arrivons devant le Nid de l'Aigle, montagne conique et presque perpendiculaire, de 1700 pieds de hauteur, dont la base richement boisée forme contraste avec son sommet de rochers abruptes, tapissés de mousses et de plantes grimpantes. C'est parmi les précipices inaccessibles de cette montagne, que l'aigle doré bâtit son aire, et c'est de là que la montagne prend son nom. Ce noble oiseau dont l'espèce était autrefois très-nombreuse à l'ouest de l'Irlande, est aujourd'hui devenu très-rare et ne se retrouve plus que dans ces districts montagneux.

Notre guide sautant à terre, disparut derrière un buisson et fit parler les échos célèbres du Nid de l'Aigle. Toutes les barques qui sillonnaient le lac dans le voisinage s'approchent, les avirons restent sans mouvement, et quoique habitués à ces scènes qui se renouvellent sans cesse devant eux, les rameurs aussi écoutent. Quant à nous, nous retenons notre haleine, afin de ne pas perdre une de ces notes délicieuses ; l'écho cesse de répondre, que nous écoutons encore, et de nouveau notre embarcation glisse à travers les roseaux. Nous ne tardons pas à atteindre le point appelé la réunion des eaux " Meeting-of the Waters ", au-dessus duquel est le lieu particulièrement affectionné de Walter Scott et dont nous avons déjà parlé.- Nous approchons du petit pont signalé comme étant un passage dangereux ; mais grâce à la prudence de nos rameurs et à l'immobilité complète que nous gardons, sur leur recommandation réitérée et leur encouragement de n'avoir pas peur ; je suis rassurée à moitié ; toutefois, lorsque je vis les hommes lever leurs rames en l'air et le bateau emporté par un courant rapide, aller..... à la grâce de Dieu, j'avoue que le cœur me battit bien fort ; il y eut un moment d'anxiété générale, car nous sentons que notre bateau effleure les rochers ; nous entendons même un certain frottement de mauvais augure..... Cependant rapidement poussé en avant par l'eau, par l'eau qui bouillonne autour de nous, nous franchissons l'arche étroite..... Nous sommes sains et saufs et pouvons de nouveau nous livrer, sans mélange, au plaisir d'admirer toutes les beautés de détail que nous avons décrites plus haut.

Enfin nous arrivons à la montagne boisée de Glena, dont la base descend jusqu'au rivage du lac, où se trouve un cottage, propriété de " Lady Kenmare, " qui était le but principal de notre promenade sur le lac. Nous mettons pied à terre et nous nous empressons de parcourir les allées ombragées et sinueuses qui, après mille détours capricieux, conduisent au " Queen's cottage "(cottage de la Reine). Ce pavillon de plaisance a été construit par les soins de la noble dame, pour Sa Majesté la reine d'Angleterre qui, dans sa visite à Killarney, se plaisait à se reposer de ses promenades dans cette charmante solitude ; c'est aussi là que se rendait habituellement Son Altesse la princesse de Galles, lors de son voyage aux lacs. Rien ne saurait décrire l'élégance raffinée de ce buen retiro [1], bâti à l'ombre

[1] On appelle ainsi, je crois, une des résidences d'été du roi d'Espagne.

des grands arbres, sur une pelouse veloutée qui descend en pente douce vers une petite anse retirée et tranquille du rivage.

Des fenêtres, on domine les eaux agitées du lac, dont les tempêtes semblent s'apaiser en s'approchant de Glena, et dont les vagues se brisent doucement avant de toucher le rivage.

Rien ne manque à cette délicieuse et mignonne habitation, tout y est parfait, depuis le trottoir dallé en faïence jusqu'aux potiches de porcelaine précieuse et aux meubles les plus rares qui en garnissent l'intérieur.

Après avoir admiré longtemps ce coquet boudoir perdu au fond de ce bocage silencieux et désert, qui rappelle involontairement aux souvenirs français, le petit Trianon, retraite favorite d'une reine infortunée, nous nous dirigeâmes vers un autre cottage plus rustique, dont l'accès est permis aux touristes qui s'y présentent, et où nous attendait un dîné de viande froide, auquel chacun s'empressa de faire honneur.

Le repas était à peine terminé, qu'il fallut songer au retour, car les ombres du soir enveloppaient déjà le lac. Nous reprîmes nos places dans la barque et nous quittâmes le rivage. Les avirons trempaient dans une eau claire et limpide comme un miroir; nous glissions comme l'oiseau qui effleure la vague profonde. La lune se lève et nous apparaît au-dessus de la montagne, éclairant de ses rayons argentés et lumineux l'immense nappe blanche du lac et enveloppant ses muets rivages d'un charme mystérieux et insaisissable; et le guide prenant son cor, adresse à la nuit, au lac, aux rivages, aux montagnes, un dernier adieu que nous renvoient les échos. Nous approchons de la terre, nous abordons : sur notre passage, où se dressent les ruines de la vieille abbaye, nous pouvons encore apercevoir, à travers les arceaux éclairés par la lampe céleste, les cloîtres solitaires et la tombe des anciens " O'Donoghues "[1].

Le lendemain qui devait être notre dernière

[1] Anciens rois ou chefs du pays.

journée passée à Killarney, les chefs de notre petite caravane réglèrent nos mouvements de la manière suivante : nous devions visiter, mais en le traversant seulement en voiture, le vaste et beau parc de lord Kenmare, qui se relie à une des îles du Lac Inférieur par un pont rustique ; nous devions parcourir cette île à laquelle on donne le nom de " Ross Island " (île de Ross), et qui renferme un château très-intéressant du même nom, et ensuite prendre notre barque qui avait ordre de nous y attendre et passer à l'île d'Inisfallen, y prendre notre lunch à l'ombre des grands arbres et nous diriger ensuite vers " O'Sullivan's cascade " (la cascade d'O'Sullivan), qui se trouve à la base des Tomies, non loin de Glena, et revenir de là en traversant Lough-Leane.

Comme la veille, nous devions passer à travers la ville, et cette fois on fit arrêter notre out-side-car (véhicule en usage dans ces sortes d'expéditions), pour me permettre de faire emplette de quelques petits riens en bois sculpté qui m'avaient tentée et que je destinais à mes amies de France; et peu après nous franchissons la grande grille d'entrée du domaine de " lord Kenmare. " Ce parc, comme la plupart de ceux dont j'ai eu occasion de parler, renferme de belles et vastes allées se succédant sans interruption, avec un peu moins de verdure et un peu plus de parties incultes et marécageuses. Mais ce qui m'en plaisait surtout, c'était de voir quelque faisan sauvage s'envoler des longues herbes à notre approche, ou des lapins se sauver dans les fourrés. Parfois aussi, à travers les sapins et les roseaux, nous pouvions apercevoir les ondulations du lac, puis au loin les montagnes entourant de toutes parts la ville, les lacs et la vallée. Le guide, que sa connaissance des lieux nous avait rendu indispensable, me nommait chaque objet qui lui paraissait digne de nos remarques ; et comme je réussissais assez bien à me les rappeler sans en omettre un seul, le brave homme me regardait tout émerveillé : je vis que je gagnais beaucoup dans son estime ; et comme nous côtoyions le lac, qui en cet endroit est parsemé d'îlôts de toutes formes, il me les désignait tous par leurs noms. " Ainsi, Miss, vous voyez cette petite île là-bas, on l'appelle " Mouse Island " (l'île de la Souris), car c'est la plus petite du lac. " — " Mais, non, " répondis-je, " en voilà une autre bien plus petite et toute mignonne ; quel est le nom de celle-ci ? " Et j'indiquais un rocher en miniature, vrai rocher de théâtre, sur lequel poussait un seul et unique arbrisseau, mais bien vert et bien venu. " Ah ! celle-là, elle n'a point de nom ; mais si vous voulez bien me dire le vôtre, je le lui donnerai en souvenir de vous, et je ne manquerai pas d'apprendre à tous les touristes que je conduirai, qu'elle a nom Miss Suzanne's-Island " (l'île de Miss Suzanne). On pense bien que je n'eus garde de refuser une pareille proposition, qui doit me faire un commencement d'immortalité. Ayant appris de notre chère conductrice que j'avais écrit un livre à l'occasion de mon départ de

France et de mon voyage en Irlande, le brave homme me pria, en se découvrant, de vouloir bien mentionner son nom, si je faisais part à mes amis de ma visite à Killarney. Je me hâte de remplir ici ma promesse, en disant que j'ai gardé le meilleur souvenir de l'honnête Thomas Maybery, dont l'obligeante complaisance ne nous a jamais fait défaut, et je dois ajouter que c'est certainement à ses renseignements éclairés et précis que je dois en grande partie de si bien connaître ces lieux charmants.

Après avoir traversé le pont rustique qui réunit l'île de Ross au domaine et nous être avancés à une certaine distance du rivage, nous passons à côté des restes, encore bien conservés, de " Ross Castle " (château de Ross). Nous avons remarqué principalement une imposante tour carrée, recouverte d'un épais manteau de lierre, le plus gracieux ornement des ruines ; cette tour est flanquée de remparts encore debout et sur lesquels on a laissé ou mis à dessein de vieux canons rouillés sur leurs affûts vermoulus. Cet ancien château fort était la demeure des " O'Donoghues, anciens rois ou chefs du pays et principalement maîtres d'une grande partie de Killarney. On m'a raconté au sujet de l'un des derniers chefs de cette vieille race, une légende que voici :

LÉGENDE DU DERNIER DES " O' DONOGHUES. "

Il y a bien longtemps, si longtemps que l'époque n'en est pas justement connue, un chef de l'ancienne famille des " O'Donoghues " régnait sur cette partie du pays qui entoure le romantique " Lough-Leane" appelé le lac de Killarney, comme particulièrement renommé par sa beauté parmi tous ceux du comté de Kerry. La sagesse et la justice florissaient sous son règne : aussi jamais peuple ne fut plus heureux ni plus prospère. Quant au prince lui-même, il n'était pas moins illustre par ses exploits guerriers que par ses vertus, mais la bonté n'excluait pas en lui une légitime sévérité, et la tradition rapporte que son fils ayant un jour osé lui désobéir, il commanda de l'enfermer dans la cavité d'un rocher qui s'élève au milieu du lac et que l'on montre encore aux étrangers sous le nom de prison du jeune " O' Donoghue. "

La disparition du roi, ou si l'on veut sa fin, fut accompagnée de circonstances singulières et mystérieuses, qui, suivant la croyance populaire, doivent nécessairement faire admettre qu'il fait partie d'un monde surnaturel.

Au dernier des splendides festins qui contribuaient à faire renommer sa puissance, entouré de ses fidèles guerriers, lorsque l'hydromel était versé à pleins verres, on raconte que le prince, dans un récit prophétique sur les événements à venir qui devaient s'accomplir bientôt et que lui révélait une certaine prescience, plus vulgairement un don ou faculté de longue vue, il fit un tableau si saisissant des maux qui menaçaient leur postérité, que ses auditeurs convives, pâles et muets de surprise, écoutaient avec une sourde impatience et brûlant d'indignation ou rougissant de honte et perdus dans la douleur, suivant que leur chef bien-aimé leur retraçait les vices ou les crimes, ou les actes d'héroïsme de leurs descendants et les misères qui devaient être fatalement leur partage, et tous attendaient en silence et avec respect quelques paroles consolantes, quelque encouragement pour vaincre les maux de l'avenir et ses conseils pour les éviter.

Mais O'Donoghue, comme si les paroles qu'il venait de prononcer, devaient être les dernières, se leva et, quittant la salle du festin, il s'avança jusqu'au lac, et faisant de la main un geste de suprême adieu, il disparut dans les flots.

Voilà pour le mystérieux : en deux mots, voici la partie merveilleuse de la légende à laquelle personne dans ce pays n'oserait contredire.

Depuis ce jour où disparut ainsi le bon " O' Donoghue," dont la mémoire est fidèlement transmise de génération en génération, tous les sept ans, le 1er mai, au lever du soleil, on peut voir s'élever du milieu des flots, qui se sont refermés sur lui, un guerrier monté sur un cheval d'une blancheur éclatante et accompagné d'une suite nombreuse avec laquelle il s'engage dans l'étroit passage qui sépare "Glena de Dinis, " après quoi tout disparaît dans les brouillards....

Cette année-là, ajoute la légende, les récoltes sont abondantes et la prospérité reparaît comme aux beaux temps de son règne.

Pendant que nous était fait ce récit, nous faisions le tour de l'île et nous ne nous lassions pas d'admirer la végétation exhubérante qui couvre une grande partie du sol de Killarney, l'automne s'avançait et laissait sur l'île des traces de son passage, comme l'attestèrent les buissons couverts de bois de toute sorte, et les arbres balançaient au-dessus de nos têtes leur feuillage aux teintes changeantes; car c'est sur l'île de Ross que j'ai retrouvé, plus que partout ailleurs en Irlande, ces brillantes couleurs de l'automne qui donnent un aspect si riche et si varié à nos paysages de France.

INISFALLEN

Dans une petite baie retirée où nous attendait notre embarcation, nous quittâmes notre voiture et nous fîmes voile vers Inisfallen.

Nous voilà donc encore voguant sur le lac qui, cette fois, turbulent et agité, faisait danser notre barque comme une coquille de noix. Le vent était contraire et renvoyait contre le bateau d'assez fortes lames; le lac était sombre, les vagues jaunes et houleuses, et au loin on les voyait moutonner comme les flots de la mer.

Le guide et les bateliers nous conseillèrent d'attendre sur l'île que le lac fut un peu plus calme, afin de continuer notre promenade vers la cascade d'O'Sullivan ; nous suivîmes ce conseil et notre temps fut parfaitement employé à visiter dans tous ses détails cette île charmante, si bien décrite en quelques vers par le célèbre Moore [1] :

« Douce Inisfallen, longtemps restera dans le rêve de ma mémoire, ce rayon souriant qui tomba sur toi le jour où je vis ton île enchantée pour la première fois. »

Elle m'a rappelé une de nos îles de la Loire, avec ses vertes pelouses, ses frênes gigantesques, ses énormes houx chargés de baies vermeilles, ses vieilles ruines à demi-cachées sous les lierres, le son mélancolique du vent dans ses grands arbres, les ombres, les lumières, les eaux bleues du lac à travers le feuillage, le clapotement de ses vagues sur la grève.

On aimerait à s'étendre sur ce gazon velouté,

[1] Sweet Inisfallen, long shall dwell
In memorys dream that sunny smile
Which o'er thee on that evening fill
When first I saw thy fairy isle.

à laisser bercer ses rêves au murmure de la brise et aux gémissements lointains des flots.

On trouve aussi à Inisfallen, à côté de ses frais bocages, les restes d'une ancienne abbaye bâtie au VIIe siècle, à laquelle se rattache encore une légende qui tourne plus au grotesque qu'à l'édification. Il existe, prétendent les traditions, un rocher sur lequel un bon moine de ce monastère, s'étant agenouillé un jour pour prier, s'endormit et resta dans cette position, où apparemment il serait demeuré invisible pendant cent ans. On ne s'étonnera pas qu'il n'ait pas été reconnu par les habitants du monastère, lorsqu'il se présenta à eux à son réveil. On montre encore *les marques de ses genoux sous lesquels le rocher a fléchi et s'est affaissé de six pouces*. On voit que les grecs qui ont inventé le sommeil d'Epimenide, ont été bien distancés.

La journée s'avançait, et quoique retenus par un charme indicible sous les ombrages de cette île poétique, si bien nommée le bijou de " Lough-

Leane," il fallait pourtant songer au retour. Plus d'une fois déjà nous avions tourné nos regards vers le lac ; et quoiqu'il fut devenu plus calme autour de l'île, il nous paraissait au large toujours plus inclément.

On voyait, en effet, comme dans les grandes marées de l'Océan, ses vagues bondir en grondant sur les noirs récifs du rivage et retomber en écume sur les plages lointaines ; nous dûmes donc renoncer au spectacle de la cascade d'O'Sullivan, dont l'approche est rendue dangereuse par les rochers qui se trouvent dans ses parages et nous contenter d'une simple promenade en bateau autour des îles dont les eaux étaient moins agitées.

Ce lac ne renferme pas moins de quarante îles recouvertes presque sans exception de la magnique végétation que nous avons plusieurs fois décrite ; une d'elles est désignée sous le nom d'île des Arbousiers, parce que ces arbres y croissent en immense quantité et y atteignent des proportions considérables : on pourrait l'appeler aussi l'île des Oiseaux, car elle est plus particulièrement hantée par une multitude de gracieux hôtes qui établissent leurs nids dans ces beaux arbres, dont les fruits, rouges comme des fraises, leur fournissent une nourriture abondante.

« *Le vivre et le couvert, que faut-il davantage?* » Les gens du pays paraissent avoir pris plaisir à donner à la plupart de ces îles des noms plus ou moins bizarres, parmi lesquels on retrouve fréquemment celui d'O'Donoghue, qui est comme le fétiche national. Ainsi une d'elles sera la prison de l'O'Donoghue; une autre, le *cheval* de l'O' Donoghue; une troisième, la *bibliothèque* de l'O' Donoghue. Suivant la ressemblance, qu'avec un peu de bonne volonté et d'imagination, on aura trouvé d'un cheval avec un rocher, composé de cinq parties, dont l'une, à la rigueur, pourra offrir l'image grossière d'une tête, et les autres, de quatre jambes; ainsi d'un amas de rochers en forme de livres plus ou moins gros, dont on fait une bibliothèque. Je ne parle plus des légendes dont j'ai cité un ou deux spécimens, et qui me paraissent faire partie de la religion du pays.

Pendant que nous naviguions d'une île à l'autre, et que notre guide faisait à mon profit exhibition de toute son érudition locale, j'aperçus d'assez loin, et s'avançant avec une démarche pleine de majesté, une bande de grands et beaux oiseaux, que je ne reconnus pas d'abord, mais que le guide me certifia être une troupe de vrais cygnes suivis de leurs petits ; il m'apprit qu'ils venaient souvent en grand nombre sur le lac, et établissaient leurs demeures parmi les grands roseaux qui croissent sur ses rives.

C'était un bien gracieux tableau que celui des évolutions de cette noble famille se séparant, se rapprochant et marchant de conserve comme plusieurs petits navires, enflant leurs ailes comme des rames ou des voiles, ondulant et cambrant fièrement leurs beaux cols blancs et flexibles.

Quoique non prévu par notre programme, il terminait d'une manière charmante notre journée ; et en abordant au rivage, nous reprîmes gaiement le chemin de la maison, après avoir jeté un dernier regard d'admiration sur cette belle vallée favorisée de Dieu.

Le lendemain devait commencer notre voyage de retour, et l'itinéraire que nous devions suivre nous promettait de nouvelles merveilles, sinon de nouvelles aventures ; nous n'avions d'autre moyen de transport qu'un long et bizarre *Side car*, horrible machine à douze places et à ciel ouvert, pour nous conduire de Killarney à Glengariff, petit village à peu près enfoui dans les montagnes, et qui n'avait pour lui d'autre compensation que d'être bâti sur la pointe de la baie célèbre de Bantry, située à la limite extrême du sud-ouest de toute l'Irlande. Avant d'y arriver, il fallut traverser un pays inculte et montagneux ; la côte elle-même n'est qu'une profonde solitude à peu près déshéritée de toute habitation. Mais, me disait-on, une fois à Glengariff, ceux qui avaient eu le courage d'affronter des chemins à peu près impossibles, étaient amplement dédommagés de leurs fatigues par le ravissant spectacle qui les attendait. C'est là que nous devions passer la journée du dimanche qui devait être consacrée au repos, au recueillement et aux pensées sérieuses.....

C'était le samedi 30 septembre 1871, je n'oublierai de longtemps cette journée néfaste, que nous quittâmes l'hôtel pour prendre nos places sur l'étrange véhicule qui, ce jour-là, devait nous faire franchir quarante mille à travers un pays et par des chemins impraticables. On se plaça donc tant bien que mal sur une étroite et dure banquette, les bagages furent hissés derrière nous, la lourde voiture s'ébranla et nous étions partis.

L'épaisse végétation qui sépare le lac du chemin que nous suivions, nous en déroba longtemps la vue; mais la route devenant montueuse, le plus magnifique panorama se développa devant nous sans obstacle. Le point où nous nous trouvions fait face au Gap de Dunloe : d'un côté s'élèvent les montagnes de la Sombre-Vallée, celles du Gap et les Reeks se perdant dans les nuages ; de l'autre, nous voyons le lac Supérieur et ses îlots verdoyants; ces esquifs légers glissant comme de grandes mouettes, plus loin, miroitent les eaux ondulées du lac Inférieur et ses collines bleuâtres qui bornent le vaste horizon.

C'est sans contredit de cet endroit [1] que nous est apparu sous son plus magique aspect, et que l'on peut mieux l'admirer, l'ensemble de ces grandes scènes de la nature, qui font penser à ceux qui les ont vues qu'il n'y a qu'un Killarney au monde.

« Adieu donc, beaux lacs dont les eaux bleues m'ont si doucement bercée pendant que ma pensée souriait à mes rêves enchantés ; quand le murmure adouci de vos flots ne parviendra plus

[1] Cet endroit porte le nom de " Mrs Hall's point " (la pointe de Mrs Hall), nom que lui ont donné les guides, en souvenir de l'admiration que manifesta la célèbre voyageuse, lorsqu'elle s'y arrêta.

à mon oreille, je penserai encore à vous.

» Adieu, imposantes montagnes, témoins immobiles de mes étonnements délicieux quand j'errais dans vos vallées solitaires ; mes yeux peuvent encore chercher vos pics qui semblent se confondre avec le ciel ; mais quand vos sommets se perdront dans les nuages et que le faucon posé sur votre cime la plus élevée ne pourra plus nous apercevoir, je penserai encore à vous.

» Adieu, doux échos qui avez tant charmé mon oreille attentive, voix mystérieuses cachées au fond des bois et aux flancs des montagnes ; adieu, je ne pourrai plus vous entendre, mais je penserai encore et toujours à vous. »

Cependant la scène va bientôt changer, car avant même d'arriver au gap Windy (la passe du vent), on voit à peine çà et là quelques misérables masures au milieu de champs maigres qui, du point culminant où nous sommes, nous semblent à peine de la largeur d'un mouchoir. Alors se déroule indéfiniment une chaîne de sombres montagnes dont on pourrait dire, en les animant, qu'elles froncent le sourcil en nous voyant passer. — Ici commence une descente tellement raide et précipitée, que nous sommes obligés, suivant les diverses positions que nous occupons sur le side-car, de nous cramponner plus ou moins à une barre de fer, pour éviter une chute qui ne serait pas sans danger, la route étant resserrée d'un côté par une muraille de granit, et de l'autre par un immense ravin rempli de blocs amoncelés, et que de toutes parts en avant, en arrière, partout s'élèvent des montagnes sinistres aux crêtes déchiquetées ; à cela joignez une bise glacée et un silence de mort, au milieu duquel on n'entendait d'autre bruit que le retentissement des sabots des chevaux. J'avoue que je fus prise d'une frayeur invincible à la vue de cette solitude dont l'aspect me glaçait le cœur, je tremblais de voir à chaque instant les chevaux s'abattre dans la rapidité de leur course, ou bien, lancés à toute vitesse, franchir le mince parapet et nous précipiter dans cette affreuse vallée dont je sondais d'un œil effrayé les profondeurs.

Lorsque mes regards s'arrêtèrent sur deux ou trois petites vaches broutant paisiblement quelques bruyères qui poussaient à travers les rochers convulsionnés, je fus ranimée à la vue de ce tableau champêtre, et une autre surprise m'attendait un peu plus loin : c'était le clocher blanc de la petite ville de Kenmare où nous devions prendre des chevaux frais ; ce signe certain de la vie civilisée me causa un plaisir inexprimable, mais qui ne devait pas être de longue durée.

En commençant le second relai, nous eûmes à monter une côte de *sept milles* au pas de nos chevaux allant comme à un convoi, pendant que nous ne perdions pas une goutte de l'eau qui tombait avec une persistance désespérante, sans autre abri que celui de nos parapluies et de nos manteaux transpercés ; et à mesure que nous montions, pour nous récréer, l'aspect du pays devenait de plus en plus étrange : je ne pouvais le comparer qu'à un paysage lunaire et fantastique. — De quelque côté que nous tournions nos tristes regards, ce n'étaient que montagnes et rochers, les uns pointus, les autres coniques ou à l'aspect tourmenté ; au-dessous des pentes escarpées, des précipices, enfin le chaos ou l'image de la descente aux enfers, décrite par les poètes ; rien d'affreusement triste comme ce vaste tableau de la désolation, sans horizon, sans vie, enserré dans ces montagnes inaccessibles, et pour ombre cette pluie diluvienne qui l'enveloppe comme d'un voile. Rien de sauvage comme cette vallée perdue dans ce désert, et qui est probablement restée la même depuis que Dieu a séparé la terre des eaux : tel me parut cet étrange pays rendu plus triste encore par la tourmente qui sévissait autour de nous et dont la violence menaçait de s'augmenter encore.

Nous avions déjà franchi deux tunnels et nous

arrivons au sommet du troisième, qu'on dit avoir presque un kilomètre de longueur et quatorze cents pieds au-dessus du niveau de la mer, lorsque le vent et la tempête balayant la montagne avec furie, menaçaient de nous entraîner dans leur course effrénée. C'était le moment où nous nous engagions dans le tunnel, le vent s'y engouffrait avec nous, brisait et emportait nos parapluies, pendant que les crêtes du tunnel, percé par endroits, nous versaient de véritables cataractes. Cette souffrance dura longtemps, bien longtemps, et il m'arriva souvent de demander : "Arrivons-nous à Glengariff ? " et on me répondait toujours : « Non, pas encore. » Je ne sais combien d'heures se passèrent avant que j'entendisse : « Enfin, nous y voilà. » Il y eut une exclamation générale de soulagement. La voiture, après avoir traversé quelques rues étroites éclairées par quelques lumières fumeuses, fit un détour sur une place bornée d'un côté par une baie calme et tranquille, et de l'autre par une grande maisongaiement éclairée, devant laquelle elle s'arrêta: nous étions arrivés.

Une foule de gens armés de lanternes et de fallots, sortirent en courant de l'hôtel ; des hommes nous enlevèrent dans leurs bras comme des colis et nous déposèrent dans le vestibule. Tout ceci ne se fit pas sans un peu ou même beaucoup de bruit et de confusion. Cependant une des servantes prit une lumière et nous conduisit à nos chambres, où elle nous laissa en tête-à-tête avec nos bagages. Quels bagages, hélas ! il n'y avait pas dans nos sacs de nuit un seul vêtement qui ne fut transpercé par l'eau; que dirais-je de ceux que nous portions sur nous: si encore nous avions eu un bon feu que l'on est si heureux de trouver en voyage, mais la femme de chambre ou n'avait pu réussir à l'allumer ou n'y avait pas songé : Nécessité l'industrieuse, comme dit La Fontaine, vint à notre aide, et, à force de nous ingénier, nous parvînmes, tant bien que mal, à nous sécher, nous recoiffer, et nous pûmes nous rejoindre tous à une excellente table d'hôte, où nous fûmes agréablement surpris de rencontrer plusieurs jeunes ladys d'une élégance et d'une beauté remarquables. A Glengariff, presque au bout du monde connu !..... le dîner et la soirée s'achevèrent donc plus gaiement que nous avions pu l'augurer du reste de la journée : mal passé est vite oublié ; nous fûmes les premiers à rire de la façon tragi-comique dont s'était effectué notre voyage.

Quand je me réveillai le lendemain, j'avoue que je fus heureuse de sentir que je n'étais ni paralysée ni menacée d'une fluxion, ce à quoi je m'attendais un peu après nos aventures de la veille. Aussitôt levée, je m'approchai de la fenêtre afin d'examiner ce lieu tant vanté.

Le temps qui n'est pas pour peu de chose dans l'appréciation du paysage, était demi-souriant et demi-triste, le soleil luttait par moment contre les nuages qui se fondaient en grandes averses pour s'amonceler de nouveau dans le ciel. L'instant n'était donc pas favorable pour juger sainement la perspective, ce qui pourtant ne m'empêcha pas de remarquer l'état paisible de la petite baie de Glengariff, que l'on aurait pu croire un lac sans les rochers tapissés de goëmons qui l'entourent, et les vagues de la grande baie de Bantry que l'on voyait moutonner au loin et qui devaient couvrir aux heures des marées et ces rochers et la plage.

Cette baie est bordée dans toute sa longueur, à droite, par ces mêmes montagnes qui, la veille, m'avaient paru sinistres et dont l'aspect ne me paraissait pas avoir changé pendant la nuit. Le nombre en est considérable, elles ont toutes un nom plus ou moins pittoresque, comme le *Pain de sucre*, le *sentier des Fées, etc., etc.*, et l'on prétend qu'elles renferment autant de lacs qu'il y a de jours dans l'année.

Quant à la ville elle-même, le surnom d'*Aspera* qui lui a été donné et dont on a bien voulu me donner l'explication, témoigne, malgré les récits enthousiastes de quelques touristes qui en font le lieu le plus charmant de l'Irlande, que si on ne peut lui refuser quelques beautés sauvages, Glengariff, dans son ensemble comme dans ses détails, ne paraît offrir que très-peu d'agrément. J'en excepterai pourtant son église, petite, mais charmante par sa position sur une éminence qui domine la mer.

Lorsque nous nous y rendîmes pour assister au service divin, en parcourant la courte distance qui nous en séparait, je sentis, comme toujours, avec bonheur, des bouffées d'air salin caresser mon visage. — L'église était éclairée par de beaux vitraux de couleur qui adoucissent l'éclat de la lumière et projettent une ombre mystérieuse sur la table sainte devant laquelle les fidèles s'agenouillent; la musique religieuse était harmonieuse et doucement ménagée; par une fenêtre de côté, je pouvais apercevoir la mer, cet éclatant témoignage de la puissance du Créateur, et j'aimais à entendre les vagues qui viennent se briser sur le rocher, et dont le murmure s'associe si bien aux prières qui montent vers Dieu.

Nous devons partir demain, et j'appelle de tous mes vœux ce moment où nous devons dire adieu à ces montagnes interminables dépourvues de toute apparence de végétation, au milieu desquelles je sens que je ne pourrais pas vivre. J'aspire au Blackwater où me reportent tant de souvenirs de bien-être.

Que ne dois-je pas aux vrais amis qui n'ont entrepris ce pénible voyage que pour moi, afin de m'initier aux grands spectacles des lacs et des riches vallées de Killarney, cette œuvre sublime de Dieu. En quittant ces lieux enchantés, j'ai compris que l'Eden se fermait derrière moi, et quand il a fallu traverser ces sinistres vallées, ces champs déserts, cette nature morte entourée de rochers menaçants, j'ai cru voir l'image de la désolation qui attendait les premiers des hommes, après avoir encouru la colère céleste; je ne puis donc m'éloigner de l'un sans regret et des autres sans plaisir.

Après le déjeûner donc, le même genre d'affreuse voiture nous reçut armes et bagages, et nous prîmes la route de " Bantry, " pauvre, misérable et sale petite ville, qui ne mériterait pas l'honneur d'une mention sans sa magnifique baie, et si elle n'avait été l'objet de deux entreprises tentées par la France, à deux époques différentes, dans l'intention non de conquérir l'Irlande, mais de la détacher de l'Angleterre trop occupée ailleurs pour défendre sa conquête.

Ces expéditions n'aboutirent ni l'une ni l'autre, quoique la seconde fut dirigée par l'illustre général Hoche en personne, le jour de Noël 1796. Ce dernier pénétra bien dans la baie, mais ne put aborder à cause des vents et de la tempête qui dispersa la flotte française.

De Glengariff à Bantry et de Bantry à Dunmanway où enfin nous changeâmes notre " side-car " pour la voie ferrée, c'est-à-dire penlant 36 à 40 milles, nous traversâmes plusieurs villages qui ne se recommandent pas plus que les autres par le travail, ni la propreté, ni par une terre fertile : c'est toujours et partout la même misère, la même incurie, la même saleté écœurante, la même dégradation.

Pour ce qui est des relais, il ne faudrait pas songer à comparer les malheureux attelages irlandais étiques, borgnes, boiteux, avec les brillants et vigoureux chevaux de poste anglais ou français, pas plus que l'on ne pourrait comparer les pauvres fermes d'Irlande avec celles d'Angleterre et de France.

Enfin nous quittons chevaux et "side car," et nous oublions les fatigues et ennuis du voyage, en voyant fumer la locomotive du convoi qui va nous emporter vers un pays plus civilisé.

Nous sommes à peine de retour, qu'il faut songer à notre prochain départ. Le temps nous presse, nos instants sont comptés, le peu qui nous reste doit être partagé entre nos parents et nos amis, et ne nous permet plus de longues stations.

Notre tournée d'adieu dut commencer comme avait commencé notre premier séjour, à T., dans la maison du vénérable chef de la famille du côté maternel. Là, après quelques jours pendant lesquels les heures se passèrent en causeries intimes, en promesses affectueuses de s'écrire, de ne pas s'oublier, le moment est venu où il faut se séparer, la voiture avance devant le perron. Après une dernière étreinte, nous montons, elle s'éloigne, et tandis que nous descendons l'avenue, des mouchoirs blancs s'agitent encore sur le seuil hospitalier. J'entends une douce voix émue qui me crie : " God bless you my darling " (Dieu vous bénisse, ma mignonne). Je n'ai pas eu de peine à deviner celle qui m'adressait ce dernier adieu.

Nous avions réservé nos derniers jours pour la maison des ancêtres : ma bonne tante, avant de quitter de nouveau l'Irlande et sa famille, éprouvait le désir de prendre congé des morts et le se recueillir dans les souvenirs aimés de sa eunesse passée dans cette maison où quatre orphelins, un frère et trois sœurs avaient vécu longtemps de la même vie avant d'être séparés par la tombe, par des mers et les voies de la providence. Pour moi, je sentais aussi le besoin d'être de nouveau aimée et gâtée par la mère de mes cousins, qui ne faisait pas de différence entre eux et moi. Je savais que nous verrions souvent notre chère voisine et compagne de voyage aux lacs; et, en effet, soit qu'elle vint à K., ou qu'elle nous attendit chez elle, nos derniers jours ne furent point perdus; nos amis du presbytère ne manquèrent pas non plus de nous visiter.

Au milieu des témoignages d'affection qui nous furent prodiguées à K., ceux qui me touchèrent jusqu'au fond du cœur, venaient surtout des pauvres paysans des environs, si ignorants, si naïfs, mais si dévoués à leurs maîtres et à la famille de leurs maîtres. Il n'est pas un qui ne m'ait chargé de ses plus tendres souvenirs pour " Miss

Suzanne " : ainsi nommaient-ils ma mère qu'ils avaient vue naître et grandir, et dont ils retrouvaient les traits dans les miens. Il fallut cependant partir, emportant les bons souhaits des uns et la bénédiction des autres. Je ne puis taire ici un détail qui m'a touché profondément. Au moment de monter en voiture, les chiens de la maison qui avaient été mes fidèles compagnons pendant mes divers séjours à K., vinrent me lécher les mains une dernière fois, et le pauvre lévrier voulait m'accompagner. Il fallut le renvoyer au chenil, où il alla tête basse et tout contristé.

Encore une fois nous montons en voiture, mais nous ne retournons pas la tête du côté du manoir, nous n'y laissons personne : ma bonne tante a voulu venir avec nous, et nous accompagnera jusqu'au bâtiment où nous devons prendre passage pour l'Angleterre.

ADIEU ERIN.

La haute cheminée du " Preussischer Adler " laissait échapper un panache de fumée, et la vapeur sifflait avec bruit, car le moment de lever l'ancre était venu. Nous étions dans le grand salon du navire, entourées de parents et d'amis qui avaient voulu jusqu'au dernier moment adoucir l'amertume de la séparation, par les témoignages d'une affectueuse sympathie. Je n'essaierai pas de décrire ce moment suprême, ni les bénédictions, ni les douces paroles, ni les silences non moins éloquents, scènes touchantes que chaque jour voit renouveler sur les vaisseaux en partance. Je dirai seulement qu'en me sentant pressée dans les bras de tous les assistants, le cœur m'a manqué plus d'une fois, et j'avais bien de la peine à retenir mes larmes. Tous les noms de ces chers amis sont gravés dans mon souvenir, et bien longtemps je reverrai leurs doux visages dans mes rêves, éveillée ou endormie.

Lorsque le salon fut vide, le premier moment de notre isolement fut pénible; mais en reportant nos regards et notre pensée au delà des mers, nous songions avec joie que là aussi de douces étreintes nous attendaient, et que la patrie nous ouvrait ses bras.

Lorsque le steamer leva sa dernière amarre et se laissa doucement aller au courant de la rivière, il était cinq heures, et le soleil, avant de descendre derrière les collines, nous envoya un dernier rayon semblable au dernier sourire de nos amis. La soirée était belle et tout semblait nous présager une bonne traversée. Nous restâmes sur le pont que nous arpentions d'un pas assuré, afin de jouir des dernières lueurs du crépuscule, qui éclairaient encore les rivages que côtoyait le navire, et les villas échelonnées sur les coteaux qui bordent la rivière jusqu'à "Queenstown;" puis la nuit venue, la ville nous apparaît encore de loin, avec ses lumières. A la sortie du port, sur les récifs nettement accusés, nous entrons dans le vaste océan qui semble recouvert d'une teinte grise et nuageuse : plusieurs barques ont allumé leurs fanaux de diverses couleurs et sillonnent la mer au large. De temps à autre retentit le " aho aho " affaibli d'un pêcheur attardé, et qui trouble seul le silence qui règne sur la terre et dans les cieux. Aucune parole ne pourrait exprimer l'effet mélancolique de cette scène sur celui qui part.

En la quittant, l'Irlande m'apparut aussi poétique, aussi mystérieuse, et enveloppée d'un voile aussi indéfinissable que lorsque je l'ai vue pour la première fois.

Longtemps je restai à l'arrière du navire, considérant cette terre qui fuyait rapidement et semblait se confondre avec le ciel à l'horizon lointain, et, du fond de mon cœur, je bénis cette seconde patrie qui me fut si bienveillante et si hospitalière.

Cependant au calme plat du port avait succédé la houle de la pleine mer, toujours assez forte sur ces côtes, et le roulis devint tellement violent qu'il fallut regagner notre cabine au plus vite, car nous étions menacés peut-être d'une véritable tempête.

La tourmente, quelle que fut sa gravité, dura toute la nuit et nous rendit fort malades ; tout grinçait dans la cabine ; plusieurs fois j'entendis craquer d'une manière sinistre le navire tout entier, et plusieurs fois aussi je fus soulevée hors de mon lit et presque jetée à terre par les horribles secousses imprimées au bâtiment. Un instant, voulant me rendre compte de l'état de la mer, je tentai de regarder par la lucarne, mais je reculai épouvantée et saisie de vertige en voyant les vagues s'élancer en masses épaisses sur le pont et tantôt faire le vide sous la quille, comme si nous allions être précipités dans l'abîme. Je me recommandai à Dieu, et le sommeil vint m'ôter la conscience du danger. Le jour enfin succéda à cette affreuse nuit, et nous apprîmes avec une véritable satisfaction que le steamer n'avait subi d'autre avarie que la perte d'un bœuf mort pendant la tempête [1].

Nous n'arrivâmes en vue de Bristol qu'à six heures du soir, et mîmes trois heures à remonter la rivière Avon, laquelle est encaissée entre de hautes falaises et exige des navigateurs des précautions infinies et une extrême prudence. Nous eûmes pendant ces trois longues heures, pour nous distraire, un spectacle d'un effet imposant, dans l'aspect de falaises menaçantes éclairées çà et là par des torches à la flamme rougeâtre, pendant que les cris et hêlements des matelots étaient repercutés par les rochers. Nous pénétrâmes enfin dans le bassin où nous apparaissait une forêt de mâts éclairée par les feux du port. Nous eûmes quelque peine à nous frayer un chemin au milieu de ce véritable fouillis de navires. A la fin cependant, nous abordions au

1 Il arrive fréquemment que le bétail transporté d'Irlande en Angleterre périt entièrement par l'effet de la tempête.

quai de Cumberland, et je ne peux exprimer la joie avec laquelle je remis le pied sur le *plancher des vaches*, après trente heures d'une affreuse traversée.

A mon premier passage à " Bristol, " j'avais très-superficiellement fait connaissance avec les deux villes qui composent la même cité, la vieille ville, " Bristol, " et la nouvelle, " Clifton. "

Sous la conduite d'un obligeant cousin, écolier de douze ans, qui voulut bien nous servir de *cicerone*, nous pûmes voir plus en détail ces deux parties si distinctes et qui forment entre elles le plus singulier contraste.

Bristol porte le cachet de la vieille Angleterre, commerçante, industrielle, affairée, avec ses docks, ses quais, ses vaisseaux de toutes formes et de tous pays, ses hautes maisons noires et tristes, ses rues, sales et boueuses, encombrées d'ouvriers, de charrettes et de marchandises; tandis que la coquette Clifton en est la représentation aristocratique avec ses élégantes maisons, ses terrasses bien assises, ses riches magasins et ses brillants équipages. Nous ne manquâmes pas de visiter la magnifique église de Sainte-Mary de Radcliff, dont la remarquable architecture et les beaux vitraux sont renommés dans toute l'Angleterre. Nous avions vu le pont gigantesque jeté sur l'Avon et sur ses coteaux boisés qui, descendant avec les plis du terrain, semblent suivre le cours de la rivière, points de vue délicieux qui faisaient dire au prince époux, lorsqu'il visitait ces lieux, qu'il ne connaissait rien de plus beau, comme paysage ; nous n'avions donc plus qu'à partir et prendre le convoi de Londres où nous arrivâmes à la nuit.

En approchant de cette ville célèbre, grande comme un monde, je ne pouvais me défendre d'une avide curiosité mélangée d'une sorte de terreur.

J'avais vu les gares de Paris, mais elles sont loin de donner, sauf exceptionnellement, l'idée du bruit, du mouvement, du va et vient du flot de voyageurs se précipitant à la suite des " porters " chargés de leurs bagages, et les cabs, les flys et autres sortes de voitures de place. Je relève toutefois un détail qui me paraît à l'avantage de mon pays : je veux parler de l'ordre et de la régularité avec lesquels vous sont remis en France vos bagages en échange de vos bulletins. A Londres, et partout en Angleterre, on n'y cherche pas tant de façons : les employés jettent pêle-mêle à terre tous les bagages, et c'est au voyageur à chercher et trier ce qui lui appartient. On peut juger de l'agrément que procure, à de pauvres femmes voyageant seules, cette manière de procéder. Je dois encore ajouter que ces employés ne se recommandent ni par l'urbanité, ni par l'obligeance à l'égard des voyageurs; c'est tout le contraire en France.

Enfin quand nous eûmes retrouvé et vérifié ce qui nous appartenait, nous prîmes une voiture et nous quittâmes la gare. Il me serait bien difficile de dire ce qui passa devant mes yeux durant ce trajet : tantôt c'étaient des magasins brillamment éclairés, ou de grands hôtels sombres et silencieux, des monuments enveloppés de brouillards, des véhicules de tout genre, des piétons, peut-être des " pick-pockets ! "

Je crois que nous traversâmes Hyde Park, et la voiture, après une heure de tours et de détours, s'arrêta enfin devant la maison habitée par d'aimables amis auxquels nous étions recommandées et qui ne furent pas moins obligeants pour nous et pas moins hospitaliers que nos hôtes d'Irlande.

Nous étions en plein " West End, " dans un délicieux petit appartement, ayant fenêtre sur Hyde Park et sur l'une des plus belles voies de Londres. Ai-je besoin de parler de la réception qui nous fut faite, franche, cordiale, partie du cœur, nous mettant à l'aise comme si nous étions d'anciennes connaissances, suivant la noble coutume du généreux peuple anglais toujours porté à ouvrir la maison et le sol de la patrie à tous ceux qui viennent lui demander asile et protection.

D'ailleurs nous n'étions pas tout à fait des étrangers pour M. et Mme B., car notre beau pays n'était inconnu ni à eux ni à leur fils; tous trois parlent parfaitement le français, tous trois font habituellement une visite à Paris, tous les ans, et M. B. fils a étudié en France. Que l'on juge de mon plaisir à les écouter et à leur répondre dans la langue de mon pays, et combien se passa vite et heureusement pour moi une soirée commencée sous des auspices si favorables, et quel présage agréable je tirai de ce début charmant.

LE PALAIS DE CRISTAL.

Le programme de notre première journée à Londres était déjà arrêté, et nous devions nous rendre à l'aimable invitation de M^{r} et Mrs S. C. Hall, nom bien connu dans le monde des arts et des lettres [1], que l'on m'avait appris à respecter, en Irlande, et que je me mis à aimer en Angleterre, après avoir vu ceux qui le portent, car je ne pourrais oublier que cette femme distinguée fut une des premières à encourager les très-modestes débuts de la petite réfugiée, dont jusque là elle avait ignoré l'existence, et que depuis elle ne m'a refusé, ni les conseils de son expérience littéraire, ni les marques d'une affection tout à fait maternelle.

Nous allions donc passer une journée près d'eux à leur villa, " The Ferns " (les Fougères), située à quelques pas seulement du Palais de Cristal. Après donc une première pro-

1 Mrs Hall, étant d'origine Irlandaise, a beaucoup écrit sur ce pays auquel elle est demeurée très-attachée. Personne n'a su dépeindre aussi bien qu'elle l'a fait dans ses contes et légendes, les mœurs et les coutumes des paysans Irlandais, ainsi que les traits de fidélité et de dévouement qui les caractérisent. Au milieu d'un grand nombre d'ouvrages dont elle a doté son pays, il en est qui se recommandent par leur création idéale et pleine de fraîcheur : on citera notamment celui qui a pour titre, " Midsummer Eve " (la Nuit de la mi été), ainsi que son charmant ouvrage sur Killarney, *La Suivante*, etc., etc.

menade du matin à travers " Oxford street, Regent street, Piccadilly, Hyde Parc ", ces grandes voies de communication affectées presque exclusivement au commerce, nous nous sommes dirigées vers la station Victoria, d'où nous n'avons pas tardé à atteindre celle de Sydenham, voisine du Palais. A proximité des deux se trouve la délicieuse habitation des Fougères, entourée d'un frais petit jardin en terrasse sur le devant et d'un autre plus grand, par derrière. Les fenêtres de la maison étaient garnies de plantes grimpantes et de corbeilles de fleurs entremêlées de verdure et de fougères abritant de charmantes volières garnies d'oiseaux. Au mois de décembre, pareil spectacle était bien nouveau pour moi; il y avait cependant un peu de neige çà et là dans les jardins, mais on l'eut prise plutôt comme un ornement que comme une sérieuse menace de l'hiver. Nous fûmes introduites dans un salon musée, mais où les objets d'art, quelque multipliés qu'ils fussent, ne servaient en quelque sorte que de décoration sans nuire ni à la symétrie, ni aux mouvements, et sans gêner la vue qui pouvait s'arrêter sans recherche sur des tableaux des grands maîtres, sur les meubles où foisonnaient, en bronzes, en cristaux, en sculptures, de véritables trésors dans tous les genres ; il nous aurait fallu des heures pour faire une étude sur ces chefs-d'œuvre, si nous n'eussions été distraits de notre admiration par l'entrée de nos hôtes dont les manières simples ne nous charmèrent pas moins que la bienveillance et la bonté répandues sur leur aimable visage. Affectueux accueil, tendre sollicitude pour les deux étrangères, rien n'y manquait, Mrs Hall eut l'obligeance de nous conduire dans son cabinet de travail, sanctuaire charmant qui renfermait de précieux souvenirs, parmi lesquels se trouve la petite table de travail et le porte-crayon qui avaient servi à " Thomas Moore, " le célèbre poëte Irlandais...

Après le lunch, Mr H. voulut bien se charger

de nous faire visiter le Palais de Cristal : c'était combler tous mes vœux. Nous nous présentâmes donc sous ses auspices devant ce merveilleux édifice. Tout ce que l'on m'a raconté de l'ancien jardin d'hiver du Palais des fleurs de Paris, devenu aujourd'hui, je crois, Palais de l'Industrie, en admettant que notre grande ville puisse revendiquer l'idée première d'une semblable création, ne peut être comparé avec celui-ci, ni quant au mode de construction, ni par l'étendue (deux mille mètres de circonférence), ni quant à la magnificence et à la multiplicité des affectations diverses qui lui ont été données. Dès l'entrée, c'est au premier aspect, une vaste serre à la tiède température, véritable jardin d'hiver, à l'extrémité de laquelle ont été ménagés de vastes emplacements pour plantes exotiques : son nom s'explique par l'emploi de milliers de vitres, seule matière entrée dans sa construction ; ces vitres scintillent au soleil et le font resplendir comme aurait dû briller le Palais des merveilles du grand Calife Haroun Al Raschid..., si ce Palais eût existé.

On sait que la création du Palais de Cristal remonte à l'année 1852 et qu'il servit à l'exposition de Londres, ensuite que de Hyde Park où il avait d'abord été élevé, il fut démoli pièce à pièce et reconstruit sur les hauteurs de " Sydenham ", où il sert de musée et de salle d'exposition en permanence; en quoi nos habiles et industrieux voisins nous ont donné un exemple de plus de la persévérance et de la ténacité avec lesquelles ils marchent d'un pas assuré vers le progrès et le perfectionnement. Le monument est entouré de vastes jardins d'où l'on jouit de la vue de Londres à vol d'oiseau, circonstance qui m'a rappelé Paris vu de la même manière, soit des hauteurs de Passy, soit même de celles de Saint-Cloud.

Nous avions la bonne fortune de nous présenter au Palais précisément le jour où avaient lieu deux expositions, la première réservée uniquement aux chrysanthèmes, la seconde, qui excitait au plus haut point mon intérêt, mais que je n'ose pas nommer, c'était, pardonnez-moi, chères lectrices, si vous n'aimez pas les chats, c'était une magnifique exposition de Mimis.

Je ne parlerai pas des plantes grimpantes, accessoires de la première, s'entrelaçant et reliant entre eux les piliers par de gracieux festons, ni des fontaines à poissons rouges, ni des pièces d'eau à plantes aquatiques, ou des plates-bandes peuplées d'arbres verts, j'arrive à l'allée du milieu où s'étalent, avec une profusion et un ordre remarquables, des espèces multipliées, diverses par les couleurs, les variétés, les richesses de la même plante, Reine de la fête ; il n'en manquait pas une, depuis les plantes à pétales immaculés jusqu'aux fleurs jaune citron, mesurant la grosseur d'une orange, depuis le rose tendre violacé jusqu'au marron clair et au brun foncé, toutes parfaitement belles et vigoureuses et dont quelques sujets avaient atteint la taille d'un arbrisseau. Dans ma ville natale, la ville des belles fleurs par excellence, je n'avais jamais vu de spécimens aussi brillants de celle-ci : cela vient, je crois, et à tort, de ce que l'on se préoccupe beaucoup moins des fleurs d'arrière-saison que des fleurs du printemps et de l'été, comme les camélias, les rhododendrons, les azalées, les geraniums et autres fleurs plus en renom. On me paraît donc négliger celles dont les couleurs sont moins éclatantes, moins vives, moins brillantes, destinées aussi à périr assez rapidement, mais qui, selon moi, sont d'autant plus intéressantes que ce sont les dernières et qu'elles ne s'en vont qu'avec les derniers rayons du soleil.

Il ne nous fallait pas moins que la protection du nom aussi aimé que respecté de notre aimable guide pour obtenir l'autorisation de visiter la seconde exposition qui n'était pas encore ouverte au public, les concurrents n'étant arrivés que le matin même.

Jugez de ma joie en me voyant en présence de quatre cents *mimis* rangés par files et dans des cages renfermant un et souvent deux occupants; je ne manquais pas de faire une station recueillie devant chaque logement, et je dois avouer que je trouvai leur contenu presque généralement digne de tout mon intérêt, sinon de mon admiration ; il y avait des robes longues, soyeuses, de toutes les couleurs, et chaque concurrent avait sa physionomie particulière. On remarquait chez les uns un air effaré et malheureux; d'autres semblaient résignés et quelque peu philosophes. J'en ai vus qui paraissaient peu satisfaits et qui peut-être méditaient quelque vengeance.

Tous portaient des colliers de rubans de différentes couleurs avec d'énormes cocardes aux deux oreilles, ce qui, à quelques égards, pouvait ressembler à une fraise à la Henri IV. Beaucoup d'entre eux, gênés par leurs pompons, les avaient tout bonnement mis de côté, et l'on voyait accrocrés aux barreaux, des nœuds, des fragments de satin : alors survenait, de temps à autre, un gardien pour remettre en ordre les cravates ; quelques-uns avaient des grelots et des clochettes. Il y avait là plus d'un angora soyeux, fourré, aux pattes épaisses, à la queue en panache, véritables enfants gâtés, endormis sur des coussins ou se prélassant sur des tapis évidemment à leur usage particulier. Il y avait aussi des chats de gouttière, souples, adroits et joueurs, des jaunes, des blancs, gris, noirs, roux, cendrés, chocolat, mouchetés, rayés, tachetés, etc., etc.

Je fus tirée de ma contemplation pour faire visite au chat du roi de Siam, qui excitait fortement la curiosité du public. Ce précieux et royal animal était accroupi dans un état d'heureuse indifférence, sans paraître s'apercevoir qu'il était l'objet d'une attention générale ; son pelage était court et luisant, comme celui d'un chat commun, de couleur gris tourterelle tirant sur le havane, en somme assez médiocre; on me dit que dans le royaume de Siam, le vol d'un chat du roi est puni de mort. Il faut supposer que ces animaux sont bien rares dans ce pays ou qu'ils y rendent de grands services dans le palais du monarque.

Tout bien considéré, je me dis avec un certain orgueil que si mon mimi, à moi, eût concouru avec ceux de l'exposition, sans en excepter le favori du roi de Siam, il eut certainement obtenu sinon le premier, au moins l'un des premiers prix.

De la salle d'exposition, nous fûmes conduites devant un superbe aquarium, le plus beau, le plus complet que j'aie vu et qui me semble devoir être le plus parfait de ceux connus [1].

Les poissons y sont contenus dans de grandes caisses vitrées qui ne manquent ni d'eau, ni d'espace, éclairées par le haut, où l'on peut voir sans peine tous leurs mouvements. Un des gardiens ayant excité avec un bâton une de ces fameuses pieuvres devenues historiques, l'affreuse créature qui semblait dormir étendit aussitôt ses membres difformes et fendit l'eau avec une rapi-

1 On ne pourrait lui comparer celui de l'exposition de Paris de 1867, établi dans des conditions et avec des éléments bien inférieurs et insuffisants.

dité prodigieuse. Nous donnâmes un coup d'œil en passant au Jardin exotique qui réunit les produits les plus rares des climats de la zone torride.

Nous ne pouvions manquer de nous arrêter devant la copie de l'Alhambra, les vues de Pompéï, traverser les galeries de tableaux, les magasins de cristaux, d'orfévrerie, enfin toutes les richesses qui me rappelaient, mais dans de moindres proportions, notre exposition française de 1867, qui, je pense, restera unique dans l'histoire.

Enfin il fallut nous arracher à toutes ces merveilles, car la nuit était venue, et une gracieuse hôtesse nous attendait aux Fougères où nous devions dîner et passer une charmante soirée dont les heures nous parurent bien courtes ; et ce ne fut pas sans un serrement de cœur que nous prîmes congé de ces excellents amis, que nous n'espérions pas revoir pendant le peu de jours qui nous restaient avant notre départ.

LE PALAIS DE WESTMINSTER [1].

Lorsqu'on désire se rendre compte par soi-même des monuments qui sont une partie de l'histoire d'une grande ville comme Paris ou Londres, il faut s'y prendre de bonne heure si l'on veut bien remplir sa journée : aussi le lendemain, nous étions debout avec le jour, afin d'aller visiter le palais du Parlement, " Westminster Palace ", qui s'étend sur une surface de neuf acres ou arpents.

L'aspect monumental de cet édifice, un des plus considérables de Londres, suffit à commander l'intérêt de tout étranger. La tour Victoria qui sert comme d'entrée royale, s'élève à une hauteur de 200 pieds; des tours moins élevées décorent et couronnent d'autres portions

[1] Palais du Parlement, commencé en 1840 et terminé par le célèbre architecte Mr Barry.

du palais qui est d'architecture gothique. Lorsqu'on examine en détail les différentes parties intérieures d'une construction aussi immense, il est bien difficile à quiconque n'est pas familier de l'édifice, de se rappeler les noms, l'aspect de tous ces vestibules, ces salles immenses, ces passages innombrables, ces larges escaliers qui mettent en communication toutes ces parties entre elles. Je dirai ici seulement ce que j'aurai retenu.

La première salle que l'on nous fit traverser, était vaste et sombre, éclairée par de magnifiques vitraux armoiriés, ce qui lui donnait l'aspect d'un temple ; la muraille de chaque côté était couverte par deux immenses peintures dont l'une représente la mort de l'amiral Nelson ; de là nous avons passé dans la galerie Royale que traverse la Reine en se rendant à l'ouverture du Parlement, et où se trouve une longue suite de peintures à fresque dont les sujets sont tirés de l'histoire nationale. Je citerai, entre autres : " Edith, " *au cou de cygne*, cherchant le corps de son époux Harold sur le champ de bataille d'Hastings, et " Edward " le *prince Noir*, faisant son entrée à Londres à côté du roi Jean de France, son prisonnier; puis la rencontre (par Maclisse) de " Wellington " et de " Blucher " sur le champ de bataille de Waterloo. Hélas! ces peintures n'étaient que l'histoire de nos désastres ....

Ensuite nous pénétrâmes dans la salle du Trône qui est en même temps la chambre des Lords; la lumière qui pénètre dans cette salle par de hautes fenêtres est tempérée, même un peu assombrie par les vitraux de couleur; la dorure et le clinquant en sont exclus aussi bien que les couleurs vives et jeunes, mais en revanche les draperies à reflets sombres, les tapis écarlates, les siéges en cuir et en chêne, les armes d'Angleterre [1], la rose, le trêfle et le chardon sculptés sur les panneaux, ses vitraux précieux comme ceux d'une église; tout y revêt un carac-

[1] La rose représente l'Angleterre, le trêfle l'Irlande, le chardon l'Écosse.

tère de sévère grandeur, de solidité imposante et de puissance qui personnifie en quelque sorte le peuple de la Grande-Bretagne. On sent que cette salle, autour de laquelle s'agite sans relâche la ruche laborieuse, ne sera jamais violée par une populace furieuse, excitée par de mauvais citoyens, ni ce siége royal profané par la lie des faubourgs, comme hélas ! dans mon malheureux pays. Le peuple anglais ne franchira jamais les barrières autour desquelles il se presse palpitant d'émotion et de loyauté pour acclamer sa reine bien-aimée, et, au besoin, cent mille citoyens viendraient d'eux-mêmes offrir leur concours au pouvoir fondé sur la constitution. Que n'est-ce ainsi en France...

En suivant la galerie qui joint le nouveau palais du parlement à l'ancien, nous nous rendîmes à la grande salle de Westminster Hall, seul reste du vieux palais, dont la construction remonte au XIe siècle, et il nous sembla pendant ce court trajet que nous étions retournés de plusieurs siècles en arrière. Cette salle est encore consacrée au jugement des grands procès politiques.

UNE VISITE A L'ACADÉMIE ROYALE DE PEINTURE.

Après avoir admiré plusieurs fois, depuis mon enfance, les splendeurs extérieures et intérieures de notre Louvre immortel, je me sentis assez froide à l'aspect de ce vieux bâtiment enfumé, comme le sont tous ceux de Londres, et situé sur un des côtés de Trafalgar Square, près des lions qui entourent la statue de Nelson (encore deux noms qui résonnent désagréablement à des oreilles françaises).

Je dois toutefois reconnaître que les précieuses collections que renferme cette vieille construction font oublier facilement aux amateurs l'édifice lui-même.

Au milieu des milliers de toiles signées des

noms les plus illustres, on me fit remarquer surtout une Sainte Famille de Raphaël, qui en ce moment faisait courir tout Londres. Une foule compacte entourait, en effet, en ce moment, ce magnifique tableau que le propriétaire actuel estime aujourd'hui *quarante mille livres sterling*. Le mérite incontesté de cette toile, qui comprend dix personnages, s'augmente de tout l'intérêt qui s'attache à l'extraordinaire. Il paraît que ce tableau ne serait venu en la possession de l'Angleterre qu'après un odyssée qui n'aurait pas duré moins de trois siècles; de telle sorte que ce chef-d'œuvre, sorti des mains du grand peintre dans les premières années du XVIe siècle, aurait été vendu par fragments, lesquels, après avoir été disséminés dans presque tous les Etats de l'Europe, et avoir appartenu à plusieurs têtes couronnées, ont, par une singulière fortune, fini par être rassemblés en Angleterre où ils peuvent être réunis en un tout complet, qui sera toujours le beau tableau de Raphaël.

LE SOUTH KENSINGTON MUSEUM.

Le Kensington museum que nous avons visité après l'académie de peinture, est, comme le palais de Cristal, également affecté aux expositions universelles et permanentes; c'est là que l'on m'a fait remarquer la première locomotive inventée en Angleterre dans la première partie du siècle, pièce rouillée et assez grossière et qui ne peut témoigner que de l'enfance de l'art, d'après ce que j'ai pu comprendre; dans une galerie, à côté de cette masse informe, miroitent, brillent, scintillent des milliers de bijoux antiques et modernes de toute forme, du travail le plus exquis, des matériaux les plus riches, or, argent, taillés, ciselés, découpés, incrustés; diamants, rubis, émeraudes, etc., etc.

On retrouve là des parures d'un prix fabuleux, que dans quelques semaines on pourra voir sur les épaules des plus illustres dames, car le musée de Kensington reçoit le dépôt volontaire et transitoire de tous ceux ou toutes celles qui désirent voir apprécier, d'un public éclairé, les raretés précieuses qui leur appartiennent. Aussi y a-t-il toujours foule avide de jouir de la vue de tous ces trésors.

UN DIMANCHE A LONDRES

WESTMINSTER ABBEY.

Il paraît que les étrangers qui se trouvent à Londres un dimanche, sont les plus malheureux des mortels : on dirait qu'ils sont tout désorientés du calme et du silence inusités qui règnent dans la grande ville, devant les magasins fermés et les monuments interdits ; j'avoue, me plaçant à un autre point de vue, que je me suis trouvée bien heureuse d'être délivrée pour un jour de ce va et vient perpétuel de la foule bruyante, de ce brouhaha incessant qui donne le vertige, de ces courses impossibles que commande la nécessité. Enfin il n'y a, suivant moi, qu'en Angleterre que l'on comprend et met en pratique le commandement du Seigneur : " Tu te reposeras le septième jour. "

Ce jour n'est-il pas aussi consacré à la prière; aussi nous sommes-nous rendues, ma tante et moi, à " Westminster Abbey[1] " pour y assister à l'office du matin, et un peu plus tard, par faveur spéciale, à celui de la chapelle royale de " Saint-James ; " la tribune royale était vide, son altesse royale, le prince de Galles, étant en ce moment dangereusement malade à sa résidence de Sandringham. Les deux ministres officiants, dans l'une et l'autre église, prirent pour texte de leur sermon, " *l'Incertitude de la vie,* " afin d'avoir occasion de recommander à la ferveur des

[1] Westminster Abbey, dont fait partie la magnifique église de ce nom.

fidèles l'état inquiétant du prince et d'adresser des prières au ciel pour sa conservation.

Il m'a semblé que les offices étaient célébrés dans les églises anglaises avec une grande solennité, et je compris, lorsque je revins le lendemain visiter dans tous ses détails la grande abbaye, que les dispositions intérieures des nefs, toutes d'une architecture élégante et gracieuse, travaillée comme les broderies de la dentelle, la sombre majesté des vitraux, les statues sculptées des grands hommes, le personnel nombreux des ministres, les orgues puissantes qui remplissent l'enceinte sacrée, d'une harmonie semblable au chant des séraphins, et jusqu'aux dalles de marbre dont chacune recouvre la cendre d'un roi, que tout cet ensemble, enfin, se prête merveilleusement à une pompe inconnue dans les temples protestants de France qui ne sont, pour la plupart, que de pauvres chapelles pour lesquelles la simplicité des formes est moins un mérite qu'une nécessité.

L'abbaye de Westminster [1], en même temps qu'elle est consacrée aux besoins du culte, est affectée, comme on le sait, à la sépulture des grands hommes qui ont ajouté à la gloire de leur pays par leurs talents, leurs exploits, leurs services éclatants ou même et surtout par leur célébrité dans les lettres : parmi ces derniers, j'en citerai deux, l'immortel " Shakespeare " et le cébre romancier " Dickens, " un des derniers admis dans la partie intérieure de l'abbaye, appelée *le coin des poètes*.

La nef du milieu est entourée de neuf chapelles, dont la plus ancienne est celle d'Edouard le Confesseur, où se trouve encore son tombeau, formé de bois en chataign er sculpté et en merveilleux état de conservation. C'est dans cette chapelle que sont conservés deux fauteuils en bois à hauts dossiers destinés de temps immémorial à la cérémonie du sacre des rois.

[1] La fondation de la première abbaye paraît remonter au VIe siècle et fut, suivant les traditions, arrêtée par Sebert, roi des " East Saxons " (Saxons de l'est).

La chapelle de Henry VII, la plus grande de toutes, mesure cent trois pieds de longueur ; elle est, comme le reste de l'édifice extérieur, d'architecture gothique : c'est là qu'étaient armés chevaliers, au milieu de cérémonies extraordinaires, les membres de l'ordre de Bath (du Bain).

C'est là qu'est le tombeau remarquable qui renferme les restes de Henry VII et d'Elisabeth, sa femme, dernier rejeton de la maison d'York, laquelle, par son mariage avec l'héritier de la maison de Lancastre, mit fin à la guerre des roses.

Dans une chapelle à gauche de la nef est le tombeau monumental de l'infortunée " Marie Stuart, " dont l'effigie est sculptée sur le sépulcre ; ses mains sont jointes et son noble visage est empreint de tristesse.

Dans une autre chapelle à l'opposite, est celui de sa mortelle ennemie, la reine Elisabeth, près du tombeau de la reine Mary (Marie Tudor, fille aînée de Henry VIII). — Le corps de la grande reine (Elisabeth) est sculpté également sur son tombeau, vêtue à la mode du temps, le visage entouré de la haute fraise. S'il était besoin d'une démonstration pour établir que l'histoire des tombeaux peut servir à l'histoire d'un pays, on m'a fait voir dans cette même chapelle un autel élevé à la mémoire des enfants d'Édouard, victimes tous deux de la criminelle ambition de leur oncle " Gloucester, depuis Richard III. " Ce ne fut que près de deux siècles après leur mort, et sous le règne de Charles II, que furent retrouvés leurs tristes restes au pied de l'escalier qui conduit à l'appartement de la Tour de Londres, où ils furent assassinés.

Avant de quitter Westminster, on nous conduisit dans les riches cloîtres de l'abbaye où dorment les anciens abbés dont l'image est reproduite en pierre sculptée sur leurs tombeaux, et après avoir jeté un dernier regard sur ce grand et remarquable temple, je ne puis m'empêcher de dire que ceux qui l'ont vu ou le verront dans l'ensemble comme dans les détails de sa riche architecture gothique, avec sa sculpture, ses nervures fines et travaillées comme la plus fine dentelle, ses piliers en même temps puissants et légers, les arceaux élégants qui soutiennent sa voûte pleine de sombre majesté, en garderont l'impérissable souvenir comme de l'une des plus belles choses du monde.

Le reste de la journée fut consacré à la visite du jardin zoologique, dont je ne dirai rien, sinon qu'il est digne en tout de la grande cité dont il est une des véritables richesses. Après avoir admiré un peu rapidement les curieuses collections d'animaux qu'il renferme, et les soins intelligents dont ils sont l'objet, et dont j'avais eu l'occasion de voir plus d'une fois les équivalents tant au Jardin des plantes de Paris qu'au Jardin d'acclimatation du bois de Boulogne, je m'arrêtai avec intérêt devant un vaste espace cultivé comme un jardin avec fleurs, verts gazons, pièces et jets d'eau, arbrisseaux, et recouvert ou pour mieux dire renfermé dans une volière en mailles fines et serrées, où volaient et gazouillaient en liberté une nuée d'oiseaux qui jouissent ainsi tout l'été du premier bienfait dont ne devraient jamais être privées les plus humbles des créatures, la liberté de leurs mouvements, quand il est possible de la leur accorder sans danger pour elles ni pour les autres.

Un coup d'œil jeté sur les nombreux magasins qui peuplent les passages, les galeries d'Oxford street, Regent street et Piccadilly me convainquit, peut-être est-ce une illusion française ! qu'ils étaient bien inférieurs à ceux de Paris, soit par l'élégance de la disposition des objets exposés à la vente, soit par leur éclat apparent. Mais en revanche, on doit reconnaître que les marchands de Londres sont bien moins exigeants dans leurs prétentions que ceux de France en général. Ce n'est pas dans les boutiques d'orfévrerie et de bijouterie que l'on doit s'attendre à rencontrer les richesses en diamants, pierres précieuses, comme celles qui scintillent derrière les vitrines splendides des galeries du Palais-Royal, et surtout de la rue de la Paix ; mais si l'on désire voir de vrais bijoux et des objets d'art du plus grand prix, il faut aller visiter les riches magasins, tels que ceux de M. Benjamin l'Israélite, qui nous a conduites avec la plus courtoise obligeance à travers ses salles et ses galeries semblables à des musées, et remplies de véritables trésors comme pourraient en désirer des princes, ou comme le derviche en fit voir au chamelier, à l'aide d'une pommade merveilleuse.

Je n'ai pas encore parlé de grands parcs tracés au milieu de Londres et qui font justement son orgueil, " Hyde Parc, Regents Parc, Saint-James Parc, " dans le voisinage desquels s'elèvent de grandes et belles maisons particulières avec terrasses qui en rehaussent nécessairement les abords ; je les ai cependant parcourus plusieurs fois à des jours différents sans rencontrer jamais de promeneurs ; à peine si, de temps à autre, on y voit circuler quelque personne affairée, marchant d'un pas hâtif et paraissant n'user de ces magnifiques allées que pour abréger leur chemin, en sorte que l'on pourrait croire que ces beaux lieux de rendez-vous manquent de ce qui en fait le charme principal, la fréquentation. On n'y entend pas non plus, comme dans le moindre jardin public de n'importe quelle ville de France, le rire argentin des enfants au milieu des jeux animés de leur âge ; cependant, j'ai appris que dans *la saison*, époque où affluent à Londres de nombreux visiteurs de la " Fashion, " ou même dans les beaux jours, l'on voit sans cesse circuler dans les allées qui ne sont plus désertes, de belles amazones et de brillants équipages, et sans doute, à leur suite, des promeneurs ; tandis que dans les journées de décembre, comme aujourd'hui, quand la neige menace de couvrir les allées, on comprend mieux les causes de la solitude qui m'a frappée. Je ne pouvais, toutefois, à ce sujet, m'empêcher d'établir quelque comparaison entre la grande capitale de l'Angleterre et la seconde ville de l'Europe (Londres marchant la première), me rappelant qu'aux différentes époques où j'ai été conduite à Paris, à quelque jour de la semaine où à quelque mois de l'année que ce fût, il m'avait toujours semblé voir, à certaines heures, depuis la place de la Concorde jusqu'à la barrière de l'Étoile, et depuis l'Arc de Triomphe à l'avenue qui sera sans doute longtemps encore appelée l'avenue de l'Impératrice, et jusqu'aux lacs du bois de Boulogne, une succession non interrompue de voitures, de cavaliers, de piétons, allant et venant jusqu'au soir. Cela voudrait-il dire qu'il n'y a qu'un bois de Boulogne au monde, ou peut-être qu'en France il n'y a jamais d'affaires si graves qui excluent les distractions et les plaisirs ?...

LA TAMISE.

Au jour que nous avions arrêté pour explorer les bords de la Tamise, nous nous rendîmes à l'une des escales les plus rapprochées de notre demeure, sous la direction de notre bien excellente amie Mrs B..., dont l'affectueuse sollicitude ne nous a pas fait défaut un seul jour, non plus que celle de sa famille, depuis notre arrivée jusqu'au moment de notre départ ; le soleil éclairait, depuis lontemps , la partie aristocratique de Londres, c'est-à-dire le " West-End, " mais ses rayons ne pouvaient percer les brouillards qui couvrent la Tamise et ses rivages, lorsque nous nous embarquions à " Battersea Bridge " sur l'une des petites barques à vapeur qui remontent et descendent incessamment le fleuve. Notre dessein était d'abord de visiter " Lambeth Palace, " et ensuite la cathédrale de Saint-Paul qui se trouve au cœur de la cité. Ce palais est un vénérable monument qui, depuis des siècles, sert de résidence aux archevêques de " Canterbury " qui sont les premiers parmi les évêques de l'église anglicane. Il s'appuie sur une vieille tour dont la tradition fait remonter l'existence au temps de l'invasion romaine.

A quelques pas a été construit le magnifique hôpital Saint-Thomas, récemment inauguré par la Reine, et que l'on croit être un des plus spacieux et des mieux aérés de l'Europe.

La bibliothèque du palais renferme une intéressante collection de livres et anciens manuscrits enluminés. Nous y avons été reçus de la manière la plus obligeante par son bibliothécaire Mr Kershaw [1], qui a surtout attiré notre attention sur le véritable livre d'heures de la reine Elisabeth, le même qui a été trouvé dans un meuble du palais de White-Hall, dernière résidence du malheureux

[1] Auteur d'un savant ouvrage sous presse, sur les anciens manuscrits et leurs gravures.

roi Charles Ier qui n'en sortit que pour monter sur l'échafaud. Notre intérêt ne fut pas moins excité à la vue des évangiles écrits par les moines, en vieille langue irlandaise ; ces anciens " missels " sont curieusement enluminés.

Après avoir admiré ces belles choses, nous reprîmes le bateau qui devait nous conduire à Saint-Paul.

Avant d'aller plus loin, il faut que je dise l'impression de profond dégoût que me causa la première vue de cet immense amas d'eau sale et jaune que représente le grand fleuve. Le courant me paraissait charrier lourdement de la boue et de la suie, passant du vert noirâtre à la teinte de plomb, et je ne pouvais m'empêcher de songer avec horreur au sort réservé au malheureux qui pourrait se laisser choir dans cette eau fétide et empoisonnée. Un brouillard noir et dense enveloppait à la fois la rivière et la cité ; mais à travers ce voile lourd et épais, on devinait, plus que l'on ne les voyait, des usines, des ateliers, de grandes cheminées vomissant des flots de fumée qui se joignaient au brouillard.

Le même panorama, sans le moindre rayonnement, continue sans interruption jusque et même au-delà de la cité. De temps à autre cependant un monument, une église, un dôme, dominent la masse sombre et enfumée ; nous arrivons ainsi devant le palais de Westminster, qui, vu de la rivière sur laquelle se dessine la silhouette de ses tours majestueuses, vous rappelle au souvenir d'une puissance qui n'est pas seulement commerciale. Cependant des bateaux à vapeur se croisent en tous sens sur le fleuve, des trains le traversent à tous moments sur des ponts suspendus, des bateaux marchands sont amarrés aux quais, on entend les bruits stridents des rouages des usines, des coups de sifflets prolongés, les cloches d'appel, les marteaux qui frappent sur les enclumes, des charrettes chargées de marchandises traînées par de vigoureux chevaux qui agitent leurs lourds grelots : tel est l'aspect tourmenté que prennent ces bords à mesure que nous avançons, emportés par notre bateau aussi noir, aussi affairé que pas un bâtiment de commerce, faisant une courte station à chaque débarcadère pour prendre ou laisser des passagers qui se plongent aussitôt, à corps perdu, dans le tourbillon de la vaste et bourdonnante cité. Nous approchons de Saint-Paul, et ce fut alors que la vieille, la véritable fourmillière travailleuse de Londres nous apparut dans sa réalité la plus saisissante.

A notre tour, nous étions descendues au pont de Blackfriars Bridge, d'où nous apercevions le dôme de Saint-Paul. C'est alors que nous dûmes traverser ou remonter de petites ruelles étroites où ne pénètre jamais un rayon de soleil, où l'air doit manquer à ceux qui les habitent; c'est là pourtant que vivent des créatures humaines!... mais de chaque côté de ces tristes réduits, s'élèvent de hautes maisons qui les enclavent et les enserrent pour ainsi dire; ces maisons sont reliées entre elles par de petits ponts en bois jetés d'une fenêtre à l'autre : ce sont des " Counting-Houses " (de vastes maisons de commerce). A travers les fenêtres, on voyait une nuée de commis, d'employés, d'ouvriers, monter, descendre les escaliers tournants, apportant chacun leur part de zèle et d'activité dans le travail incessant de ces ruches humaines. Que sera-ce si l'on pénètre plus avant au milieu de ces rues encombrées, exclusivement livrées à des magasins immenses comme des halles, aux grandes et innombrables maisons de Banque, d'échange et d'offices, qui n'ont d'autre ciel que la fumée du charbon de terre, où tout enfin est sacrifié au dieu Commerce ; c'est en vain que l'on espérerait rencontrer dans la cité une maison particulière, et reposer sa vue sur un jardin ou sur quelque square. On ne s'étonnera pas que ces gens affairés qui vivent toute la semaine au milieu de cette atmosphère brûlante, aient quelque part autour de Londres leur cottage où ils puissent jouir au moins un jour d'un air respirable.

Mais une des parties les plus intéressantes à voir pour un observateur, c'est sans contredit le quartier des Docks, c'est-à-dire les vastes dépôts des marchandises étrangères de toute nature qui y sont entassées comme des pyramides ou des montagnes dans des espaces immenses ; s'il était besoin d'autres éléments pour se former une idée exacte de la richesse commerciale de ce pays, où les trouverait-on mieux qu'en ce lieu, comme ce ne serait pas ailleurs qu'à Westminster qu'il faudrait chercher le secret de la puissance morale de la Grande-Bretagne.

Lorsque l'église métropolitaine de Saint-Paul nous était apparue au milieu des brouillards de la Tamise, quoique ses murs, ses colonnes élégantes, son dôme élevé fussent incrustés de la couleur indélébile qui empreint tous les monuments de Londres, et principalement de la cité, cette teinte sombre ne pouvait cependant effacer ces grandes et admirables lignes que les artistes des temps modernes ont empruntées aux monuments de la Grèce et de Rome, et ceux qui ont pu visiter dans cette ville la grande église de Saint-Pierre, en ont retrouvé, assure-t-on, la copie exacte dans celle de Saint-Paul. Que n'a-t-on pu, en élevant ce majestueux édifice, le doter aussi du ciel d'Italie, qui dore ses monuments au lieu de les noircir.

L'aspect du temple, à première vue, est triste et froid : on se sent un peu perdu au milieu de cette vaste étendue, et du point inférieur où l'on se trouve eu égard à l'immense hauteur de la coupole, surtout lorsque l'église n'est pas peuplée de fidèles ; mais une fois que l'on est revenu de cette influence glaciale, et lorsque l'on parcourt ces grandes nefs séparées par des colonnes antiques et que l'on s'arrête devant les groupes allégoriques sculptés sur les tombes qui décorent les nefs latérales, il est impossible de n'être pas frappé d'un sentiment de respect et d'admiration ; et si c'est là l'impression ressentie par celui qui erre dans la solitude de ces vastes colonnades, quelle autre pensée devra-t-on concevoir lorsqu'à l'occasion des fêtes religieuses et nationales, l'espace manque aux fidèles qui se pressent dans toutes les parties les plus retirées du temple, que l'harmonie des orgues, se mêlant aux chants sacrés, ébranlent ces voûtes, que l'hymne britannique " God save the queen " résonne et monte, répété par mille voix, jusque sous la coupole immense, comme il y a peu de temps il a dû retentir à l'occasion des actions de grâce rendues au Seigneur pour le rétablissement de l'héritier de la couronne d'Angleterre.

Heureux le souverain dont le peuple s'associe dans ses prières à son allégresse comme il a partagé sa douleur ; heureux le peuple qui n'a pas été enseigné à haïr *tous ceux* chargés du pénible soin de le gouverner, celui-là mérite de jouir du repos et de la paix qui sont des dons du ciel.

En quittant Saint-Paul, on nous fit voir, en passant à travers un quartier composé de vieilles maisons et petites bicoques en forme de boutiques, la trop célèbre prison de Newgate devant laquelle avaient lieu, il n'y a pas encore bien longtemps, ces sinistres exécutions pour lesquelles, on peut dire à la honte de l'humanité, une avide curiosité louait bien cher quelques fenêtres pour se repaître de la triste agonie d'un malheureux. La sagesse du gouvernement anglais a mis fin à ces odieux spectacles en supprimant la publicité ; puisse cet exemple être suivi ailleurs !...

La journée s'avançait déjà lorsque nous traversâmes le beau et nouveau pont de " Holborn Hill, " et rentrâmes dans " Oxford street " assez à temps pour jeter un coup d'œil général sur le " British Museum, " qui est considéré, par les savants, comme un des plus remarquables de ceux connus, mais dont je me dispenserai de parler, mon incapacité ne me permettant pas d'apprécier toutes les richesses scientifiques qu'il renferme.

La grande bibliothèque royale que je parcourus aussi rapidement, me parut, faute de comparaison, tout ce qu'il doit y avoir de plus complet, soit quant au nombre, soit quant à la riche et curieuse collection des livres qu'elle possède; mais ce qui excita particulièrement mon attention, ce fut la merveilleuse organisation qui préside à l'établissement, pour chaque lecteur, d'un bureau avec tous les éléments propres à faciliter les recherches et le travail de tous.

Au sortir de la bibliothèque, on me fit arrêter sur la place de White-Hall, où se trouve un musée militaire et maritime, et je vis là un plan merveilleusement exact et détaillé de la bataille de " Waterloo. " Figurez-vous une immense caisse vitrée renfermant le champ de bataille tout entier : tout y est, les champs, les accidents de terrain, jusqu'aux moindres buissons y sont parfaitement exécutés, ainsi que les camps et retranchements de chaque côté. Une multitude de soldats microscopiques, en plomb, y peuplent les différentes parties. Il y a là les armées françaises, anglaises et prussiennes, et sur une éminence vous voyez un cheval blanc, et sur ce cheval le Grand Napoléon.

A côté se trouve également le plan de Sébastopol.

La journée avait été longue et bien remplie, il fallut remettre au lendemain notre excursion à la Tour.

LA TOUR DE LONDRES.

Une autre journée toute entière fut consacrée à notre visite à la Tour de Londres, sur la rive gauche de la Tamise. Il faudrait des volumes pour reproduire tout ce qui a été dit et écrit au sujet de cette redoutable forteresse. Tout le monde sait que la Tour (nom unique qui lui est donné généralement, même encore aujourd'hui, quoique le monument en compte au moins douze de noms différents), fut élevée par Guillaume le Conquérant, pour assurer sa conquête, sous le nom de la Tour Blanche ; depuis et sous le règne de ses prédécesseurs, onze autres tours, plus petites, y ont été successivement annexées sous des noms divers et selon les divers événements dont elle a été le théâtre.

L'histoire de la Bastille, en France, a donné lieu à des récits terribles et sanglants. La Tour de Londres, si on interroge aussi ses épaisses murailles, les inscriptions qui ont été conservées, ses passages secrets, ses sombres réduits, ses lourdes grilles derrière lesquelles gémissaient ses captifs, fournira la preuve que là, comme dans la forteresse prison d'Etat de Paris, bien des victimes y ont souffert, bien des pleurs y ont coulé, bien des flots de sang y ont été répandus ; seulement on peut ajouter que la Tour de Londres, qui fut longtemps le palais des rois d'Angleterre et le point de départ d'où partait le cortége royal pour Westminster, leur servit aussi plus d'une fois de prison et de tombeau.

Henry VI, le roi de la Rose Rouge, y périt; les jeunes enfants d'Edouard, son rival de la Rose Blanche, y furent massacrés ; plus tard, ce fut le tour d'Anne Boleyn, de la jeune et vertueuse Jane Grey. C'est là qu'était emprisonnée par ordre de sa sœur Marie Sanglante, la fille de Henry VIII et d'Anne Boleyn, et qu'elle fut conduite à l'endroit où était tombée sous la hache la tête innocente de Jane Grey, sans doute à titre d'avertissement, et qu'Elisabeth se contenta de dire froidement :

« Le sang ne paraît pas sur ces dalles. »

On ne manque pas de montrer aux visiteurs les billots où Charles Ier et Anne Boleyn posèrent leurs têtes, et la hache qui les trancha.

J'ai vu la chambre étroite où languit pendant douze ans sir Walter Raleigh dont j'ai parlé ailleurs ; ce cachot ne reçoit de lumière que par la porte ; c'est là qu'il a composé son *Histoire du monde*.

Heureusement la Tour a changé de destination; elle est affectée aujourd'hui à de nombreux dépôts d'armes de guerre et est devenue un véritable arsenal.

Dans l'une des salles que l'on pourrait désigner sous le titre de salle du moyen âge, on a rassemblé les lourdes cottes de mailles, les brassards, les écus suspendus le long des murailles ; des guerriers armés de toutes pièces ayant à la main la hache d'armes ou la pertuisane, sont montés sur des coursiers également couverts d'armures. Des casques, des salades, des visières aux formes diverses suivant les époques, et enfin (on ne sait trop pourquoi) le hideux masque noir du bourreau, sont rangés derrière des vitrines.

Dans la salle qui aurait quelque droit à être nommée salle Elisabeth, on voit cette grande reine représentée, à cheval, au milieu d'une collection d'armes en usage de son temps. Enfin à un étage au-dessus, d'autres salles sont consacrées aux armes modernes ; ces armes sont disposées avec un soin et un art infinis ; on a réussi à faire des dessins, des festons, des fleurs, des roses avec des baïonnettes, des sabres, des poignards et des pistolets ; on a poussé l'invention jusqu'à faire un ruisseau rempli de roseaux et de nénuphars, sur lequel sont jetés des ponts rustiques, et ce n'est qu'après un minutieux examen que l'on parvient à s'apercevoir que les rides des ruisseaux sont produites par des lames de sabres, tranchantes et polies, que les nénuphars sont des pistolets, et le pont rustique formé de l'unique assemblage d'armes de diverse nature.

Après la visite de l'arsenal, vint celle des diamants de la couronne ; et pour emporter, en quittant la tour, un dernier souvenir de son affectation primitive, on nous fit traverser le terrible Tower-Green, où se dressait autrefois le fatal billot pour *ceux qui étaient* du sang royal.

CHISELHURST.

Je n'ai pas besoin de dire que " Chiselhurst " ou plutôt " Camden House " (nom actuel de cette propriété), aujourd'hui résidence de l'ex-empereur Napoléon, est un but de pèlerinage affectueux pour les uns et d'avide curiosité pour quelques autres. Comme la plupart des Français qui sont accidentellement à Londres, nous avons cédé au désir de voir cette habitation sur laquelle est accrédité le récit tragique d'un double assassinat commis, il y a plusieurs années, sur les deux maîtres, par un domestique, et que nous avons entendu de la bouche des intimes de la famille des deux victimes. Elle est située au milieu d'un beau parc et ombragée par de grands cèdres, bâtie en briques rouges et blanches, le toit, en forme de pagode ; elle apparaît à l'extrémité d'une courte mais large avenue bordée d'arbres séculaires. Les appartements sont meublés à la française, et les fenêtres garnies non de stores, comme dans les maisons anglaises, mais de rideaux en mousseline brodée. Nous avons pu voir l'empereur lui-même, et nous sommes parties convaincues qu'il est plus facile à ceux qui ont gouverné la France, de trouver le repos et la sérénité sur la terre d'exil que dans leur propre pays.

RETOUR EN FRANCE.

11 décembre.

Il était sept heures du matin lorsque nous quittions le West-End pour nous rendre à la station du chemin de fer. De rares voitures sillonnaient sans bruit les rues, et des piétons plus rares encore longeaient les trottoirs d'un pas rapide ; les magasins n'étaient pas encore ouverts, seuls les clubs aux pérystiles soutenus par de massives colonnes, resplendissaient de lumières au milieu de la cité endormie, et cependant les rayons rosés du soleil levant éclairaient les toits innombrables des maisons et des monuments. A voir Londres au milieu de ce calme repos, on aurait pu se croire transporté au milieu de l'une des villes paresseuses de l'Espagne ou de l'Italie. Adieu, Londres; adieu, ville aux toits sombres et enfumés, mais aux cœurs nobles et généreux.

Nous sommes emportées avec une rapidité vertigineuse sur la ligne de Douvres. Nous longeons, en passant, les bois du parc de Chiselhurst, et nous voyons bientôt scintiller les flots azurés, sur lesquels se balance le steamer français le *Prince Impérial,* qui semble nous attendre... avec l'express de Londres. Bientôt les dunes blanches de Douvres s'éloignent insensiblement, et avant qu'elles aient disparu complétement, je puis saluer les côtes de France. Le ciel nous favorisait, la traversée avait été si belle que pas un des passagers n'avait quitté le pont; et avant que nous eussions eu le temps de nous rendre compte de la transition, nous entrions dans le port de Calais. Il est impossible d'oublier jamais la joie qui vous inonde le cœur quand, après un long voyage, on foule le sol de son pays : en entendant chacun autour de moi parler ma langue, je ne pus contenir mes larmes, mais c'étaient des larmes de bonheur. Oh! la France est si belle!...

Avec quel plaisir je revoyais nos cultures françaises, nos vastes champs labourés avec soin, et nos prairies bordées de saules et de peupliers; oui, c'était bien là mon pays, mon vrai pays.

Mais la nuit est venue, nous entrons dans Paris à la lueur douteuse des reverbères. Il sera assez tôt au jour de voir les désastres infligés par des misérables à la grande ville ; ne songeons maintenant qu'à l'accueil affectueux et charmant que nous préparent deux aimables amies, dont nous sentons déjà les mains presser les nôtres.

PARIS.

Pendant les quelques jours que nos chères hôtesses voulurent nous garder à Paris, et qui étaient les plus rudes de l'hiver, puisque la neige et la boue se disputaient les rues et les chemins, et avant que la grande ville, par une économie bien ou mal entendue de ses administrateurs, eut pu reprendre ses habits de fête, j'eus le loisir d'examiner dans tous leurs détails les ravages irréparables, disait-on, dont elle avait été victime ; et je dois avouer que si je n'avais vu, de mes propres yeux, le tronçon dégradé de la colonne Vendôme et ce monument vénérable des anciens temps, rajeuni de plusieurs siècles, l'hôtel de ville, détruit et ruiné, mais beau encore jusque sous ses décombres, j'aurais pu croire à des récits exagérés par la terreur. Sans doute, la circulation était moins active, les équipages moins nombreux, et le boulevard des Italiens, autrefois rendez-vous de l'univers, moins brillant et moins animé qu'avant la guerre. Il y avait bien aussi çà et là quelques maisons portant la trace des obus, et des magasins gardant encore leurs devantures trouées, *comme décoration et souvenir*. Cependant en s'isolant des lieux incendiés par le pétrole, on aurait pu croire que Paris avait, en somme, son aspect accoutumé ; jamais même la rue de la Paix n'avait étalé plus de luxe, jamais ses vitrines n'avaient été plus étincelantes d'or, de pierreries, de diamants, jamais, enfin, je n'avais remarqué plus de chefs-d'œuvre artistiques. Mais que de récits on entendait de toutes parts : chacun n'a-vait-il pas souffert des misères de la guerre, du siége, de la famine, et surtout de la Commune. On rencontrait encore des visages amaigris, pâles et hâves, comme on peut en voir chez ceux qui survivent après l'invasion du choléra ou de la peste, ces deux autres fléaux de la colère de Dieu. Celui-là montrait un éclat d'obus qui avait pénétré dans la salle à manger; un autre avait conservé un morceau de pain du siége : quel pain! Un vénérable ministre nous racontait avoir vu fusiller devant sa porte deux cents personnes. Un autre, en essayant de se soustraire à la *presse* de la Commune, avait essuyé plusieurs coups de feu en essayant de s'échapper. On ne racontait plus ces sinistres événements que comme des faits d'histoire passés ou comme un cauchemar affreux.

J'eus occasion de voir le Palais-Royal, un amas de ruines; le ministère des finances dont il ne reste plus que les murs extérieurs, et, pour dernier tableau, la place où était le palais des Tuileries, jonchée de statues brisées, de cheminées renversées, de pans de murs écroulés, tombant en poussière, des fenêtres béantes, des toits effondrés, des balcons tordus. C'est donc là ce qui reste de ce magnifique palais dont il a été tant parlé dans les annales du monde, séjour honoré de nos plus grands princes, où de grands rois et d'illustres reines avaient reçu la royale hospitalité de nos souverains. Oh! honte! oh! désolation!

Quelques rares promeneurs contemplaient comme nous ces ruines d'un œil attristé. Aucun rire joyeux d'enfant ne retentissait comme par le passé dans ces allées désertes, et les grands arbres du parc étendaient leurs branches nues et décharnées vers ce spectacle désolé, comme s'il n'y avait plus d'autre printemps et que l'hiver ne dût plus finir. Paris aussi devra-t-il refleurir à un printemps prochain : ceci est dans la main de Dieu et les secrets de l'avenir.

Le lendemain, nous devions partir, c'était le jour de Noël, ce jour qui rassemble tous les enfants de la même famille dans les trois royaumes, et que ma bonne tante et moi ne voulions pas voir finir ailleurs que dans la maison paternelle, cette chère petite maison où tous les cœurs battaient d'impatience et d'espoir. Nous partîmes donc après les plus tendres adieux. En traversant les Champs-Elysées, dont la longue et brillante avenue était encore enveloppée d'une brume vaporeuse, mais dorée par le soleil, et semblait sourire à notre passage, à la vue de l'Arc-de-Triomphe qui se dessinait avec fierté dans le lointain, je sentis renaître avec la brise matinale et le bonheur de me rapprocher de ma ville natale, l'espoir que tout n'était pas fini pour mon pays, et que Paris redeviendrait bientôt ce qu'elle avait été pendant tant de siècles, la reine des cités. Ce fut sous l'influence de cette impression plus douce, que nous prîmes place dans l'express qui nous emporta rapidement par le même chemin que suivirent les Prussiens quand ils allèrent s'établir à Chartres, à Rambouillet et dans nos plus belles provinces. En songeant aux dévastations qui marquèrent partout leur passage, j'osais regarder à peine au dehors; cependant m'étant aventurée à mettre la tête à la portière, je fus surprise agréablement de voir que les campagnes n'avaient rien perdu de leur aspect ordinaire, les grands bois autour de Versailles et de Rambouillet que je croyais impitoyablement saccagés, ne me paraissaient pas manquer aux paysages, et je voyais avec bonheur apparaître au loin les hautes cimes des belles futaies. Les champs étaient cultivés avec soin, mais hélas, les habitations avaient bien souffert, et de grandes et belles fermes avaient été en partie détruites, des hameaux tout entiers avaient été dévastés et brûlés ; les jardins étaient restés en friches, les clôtures, les haies, les barrières avaient été arrachées ; partout se révélaient des traces de pillage. Ce fut ainsi jusque dans le département de la Sarthe qui, lui aussi, portait les marques de l'envahissement. Combien je remerciai Dieu du fond de mon cœur en voyant s'arrêter à quelques lieues d'Angers ce cruel indice d'une guerre implacable, en songeant que les ennemis, à quelques lieues à peine de la ville, attendaient le signal pour continuer leur œuvre maudite, s'emparer de nos maisons, lancer leurs canons et leurs chevaux sur nos places publiques, lorsque, par la volonté sainte du Seigneur, toutes ces calamités suspendues sur cette chère cité, s'arrêtèrent, et que l'armistice fut signé. Mais pendant que je fais ces réflexions, le train s'arrête, il est nuit, mes yeux plongent dans l'immense profondeur de la gare, je jette un cri, je suis dans les bras de mon père. Nous ne fûmes pas longtemps à gagner notre chère petite rue ; je vois la maison ; derrière la porte qui s'ouvre, c'est ma mère qui me reçoit, et je sens ses pleurs qui se mêlent aux miens.....

CONCLUSION.

Me voilà donc arrivée au terme de mon long voyage, si ce n'est à la fin de mes souvenirs. La bonne vie de famille a recommencé pour moi, comme par le passé, suivant le vœu d'une aimable princesse. J'ai repris avec bonheur le cours de mes études, sous la direction de ma bonne mère.

J'ai retrouvé les chères compagnes de mon enfance, et si je ne parle pas de mes oiseaux et de mon chat favori, ce n'est pas faute d'envie, mais parce que j'ai peur que l'on ne se souvienne que je ne suis plus la petite fille de quatorze ni même de quinze ans.

Lorsque cédant aux instances de mes amis aujourd'hui bien loin, et au mal du pays qui ramenait sans cesse ma pensée à la maison de mon père, j'écrivais le *Récit d'une petite fille*, pour montrer à mes parents que je ne les oubliais, eux ni mon cher pays de France, je croyais bien fini là mon rôle d'auteur enfant. On a cru, au contraire, que je devais la suite de mes premières impressions à ceux que je venais de quitter et qui avaient pris la place de mes parents, comme à tous ceux qui avaient accueilli avec tant de faveur la petite exilée; c'est donc comme accomplissement d'un devoir de reconnaissance que j'ai écrit cette seconde partie, écoutant plutôt le besoin de mon cœur que le sentiment de mes forces.

Et maintenant je n'ai plus qu'à répéter ces mots que disent les gens restés au rivage et qui accompagnent de leurs vœux le navire qui va gagner la mer :

A Dieu va !...

BIBLIOTHÈQUE NATIONALE
R.F.
IMPRIMÉS

12 avril 1872.

—

TABLE.

BIBLIOTHÈQUE NATIONALE
R.F.

Angers, imp. E. Barassé.

ANGERS, IMPRIMERIE E. BARASSÉ
Rue St Laud, 83.

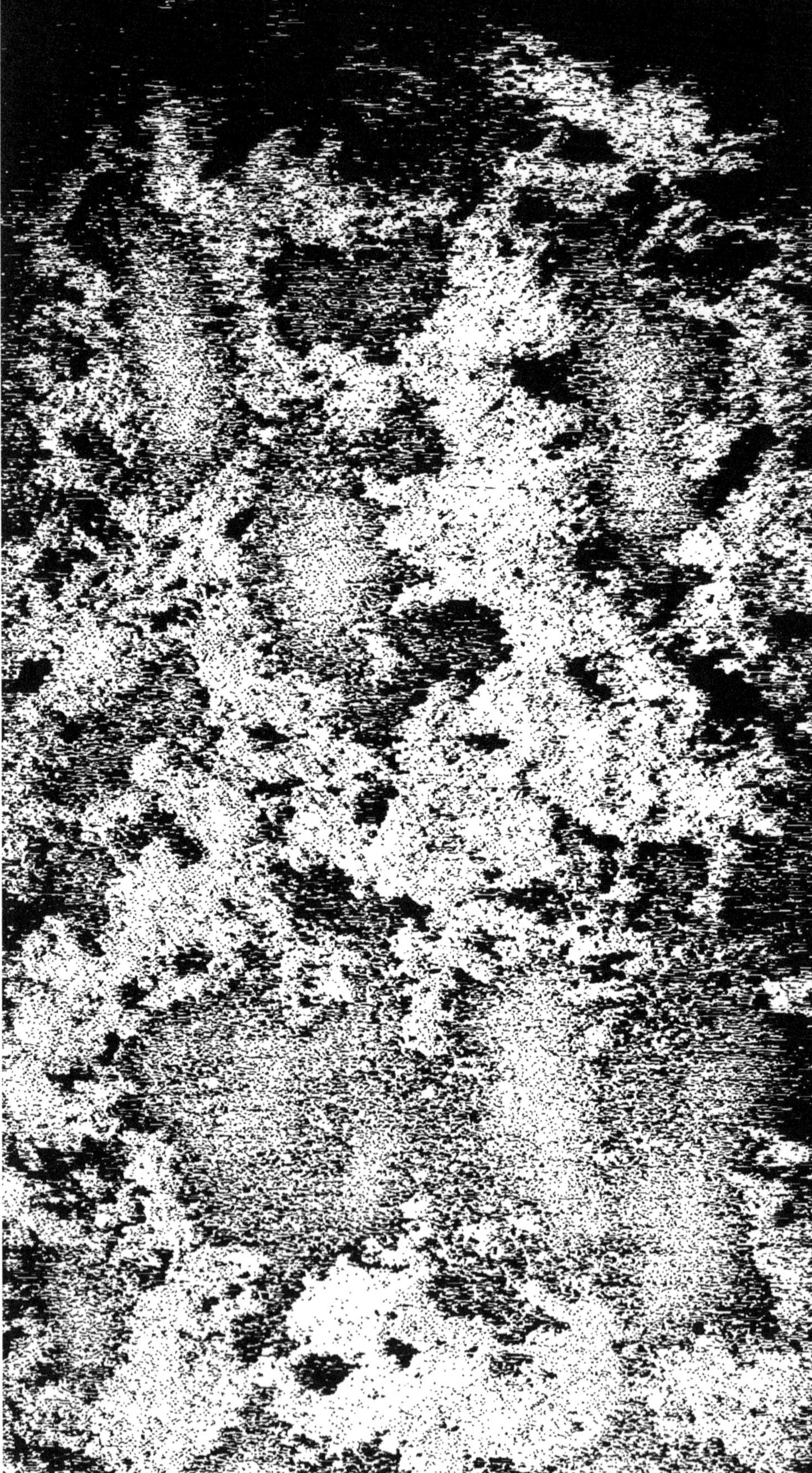

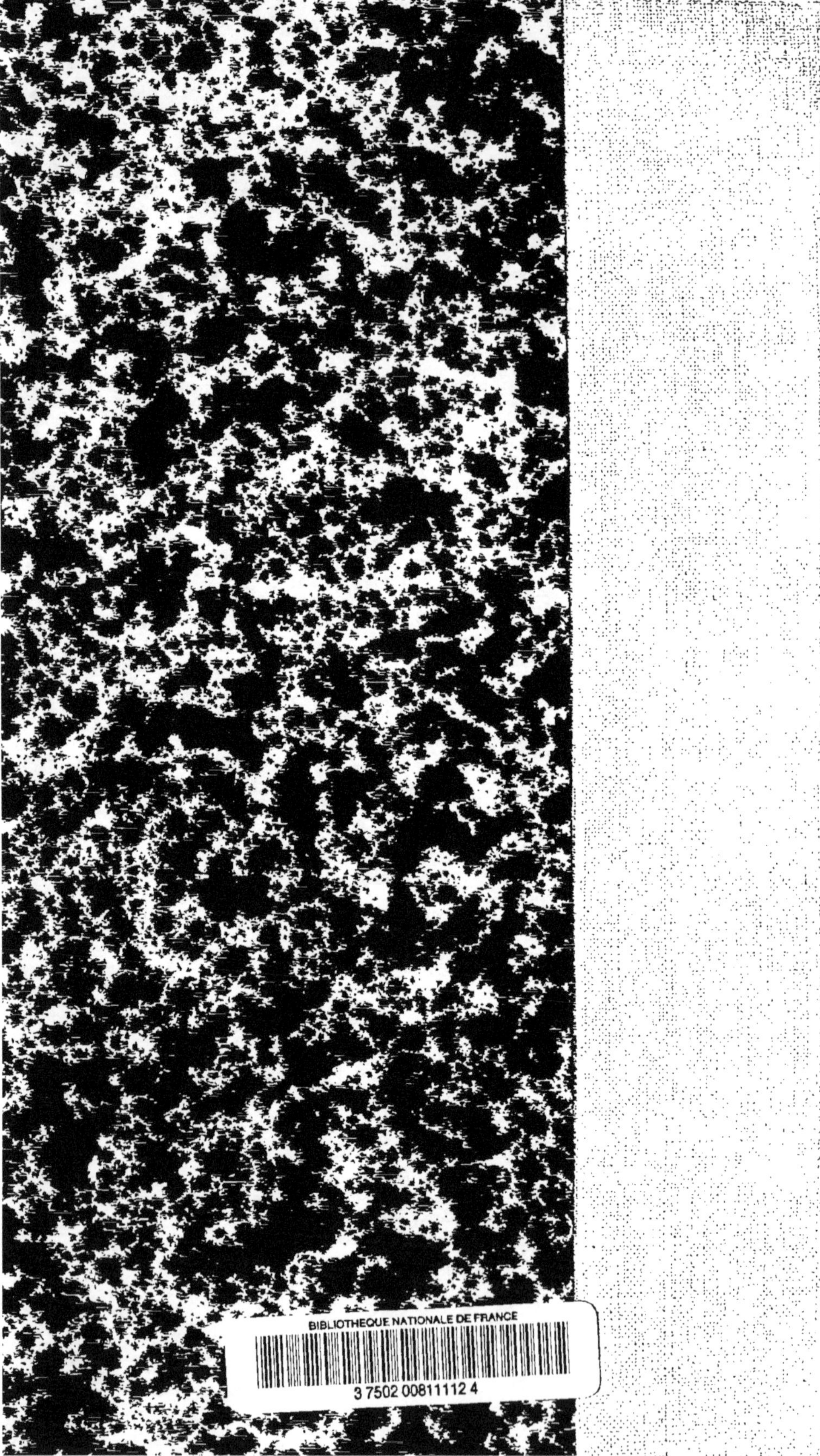
BIBLIOTHEQUE NATIONALE DE FRANCE
3 7502 00811112 4

www.ingramcontent.com/pod-product-compliance
Ingram Content Group UK Ltd.
Pitfield, Milton Keynes, MK11 3LW, UK
UKHW012202240726
13966UKWH00002B/526